話せる英語教育
その方法

あなたは子や孫に
どんな教育を望みますか

五十嵐明子
IGARASHI AKIKO

幻冬舎
MC

あなたは子や孫にどんな英語教育を望みますか
―国民が一緒に考えたい学習法―

はじめに

　努力家の日本人が、必死に勉強しているにもかかわらず英語が話せないのは、日本の学校英語教育が間違っているからだと、長い間思っておりました。たとえ、テストがいつも満点に近かった人でも、話せる人は殆んどいない、という教育を受けてきたのですから。私たちは英語が話せないことに「自分の勉強不足」と劣等感を持つことは無いと思います。
　「英語が話せたらなあ!」、と残念に思っている方々、日本語を発し始めた赤ちゃんに、英語教育はどうしようか?と考え始めていらっしゃるお母様方、小学生に初めて英語指導をしておられる先生方や、中学、高校の英語の先生方にも一緒に考えていただけたらと、学校英語教育を補うように、聴く、話す英語指導をしてきた経験と観察を基に、提言とその根拠を示す、本書を書いてみま

3

した。お読み下さる方の学校英語教育へのご意見をお聞かせいただければ幸いです。

　今回が初めてのように話題になりましたが、日本の公立小学校での制度としての教育は既に1886（明治19）年から始まっているのです。終戦後、日本国民全員に英語教育が課せられることになってから70余年、明治時代から数えると、なんと130余年、日本人は学校で英語を学んできたのです。その間、一人一人が英文和訳、文法、英作文や単語スペリングの練習にどれほど時間をかけて勉強してきたか計り知れません。そしてその英語が社会に出てから、どの程度役に立つ機会があったでしょうか。

　日本の英語教育には明治時代から話せない教育として反省と改善要望を繰り返してきた歴史があります。それが現代の日本が抱える問題点と全く同じなので苦笑してしまいます。今、世界中の非英語国がしゃかりきになって、子どもの英語教育に力を入れています。例えば、隣国・韓国では、日本より14年も早く、1997年に小学3年生から週2時間の必修科目にしています。現在はパソコンも同時に学べ、ゲームをするような感覚で英会話を学べる素晴らしい教材が開発され、世界のリーダーになれと

小学生に檄を飛ばしています。韓国語と日本語は 語順が全く同じ、日常に英語が聞こえてこない環境も日本と同じですが、指示通りに努力をして良い点が取れたら必ず話せるようになれる教材を与え、成果を上げています。自国の先生を研修して指導に当たらせ、先生全体の英語レベルアップを計り、実践の場は英語村です。

　日本語の発育は赤ちゃんが初めは言えなくても周りの声をじっと聞くことから始まっています。運悪く聴覚に不具合を持って誕生した赤ちゃんは周りの音を聴くことが出来ず、音声による言語の習得は困難になります。音声での意思伝達ができない赤ちゃんは成長して後、特別な発声法の訓練を受け、手話や文字を使う伝達法を習得しなければなりません。大人がたどたどしい英語と身振り手振りで会話をする時も全く同じ理由です。音声を聞いたことの無い人が、声を発することが出来ないのと同様に、日本の英語教育は長い間、音声を発するのが困難な学習者を育ててきたのです。全日本人が楽譜を先に習って、音符をたどりながら歌を歌おうとしているようなものです。歌そのものを聞かせたら、子どもならば、数回で歌えるようになります。

　2011年に英語活動として小学生の必修教科となって、

テキストに当たる「英語ノート」を興味津々で手に取りましたが、この内容とこの時間数で文科省は本気で子ども達への英語教育に取り組もうとしているのだろうか？と疑問に思いました。若者の英語力の、世界からの遅れは、今や、国家衰退の原因にもなりかねない大きな問題です。

　この度の大学入試の改革も再び延期になりました。2020年にやっと始まった小学生への必修科目としての英語教材は、音声が自習出来るようになりましたが、沢山聴かせるには、更なる工夫が必要かと思われます。死んだ英語教育を従順に子ども達に強いることなく、国民も一緒に現代的な最良の方法を考えてもいいのではないかと思います。それを文科省に提言する投稿窓口もあるのです。

話せる英語教育
その方法

目次

が好き／文法は帰納的に習得できる／使ってこそ言語

授（当時）伊藤克敏氏／「言語グローバル化 進まぬ日本 耳から学ぶ習慣を」──国際教養大学長（当時）中嶋嶺雄氏／音の貯金が生む大きな付加価値

イラスト　くわはらひろこ

第1章　死んだ英語教育の歴史

1　日本は英語が通じない国

　4年前にルクセンブルグの知人が初来日し、その時の感想をメールで送ってくれました。
「日本の文化と景観、人々の素晴らしさに感動しました。けれども、こんなに英語が通じない国だとは思いませんでした」と。
　ルクセンブルグ語、フランス語、ドイツ語、英語が日常的に飛び交っている国から来た友人夫妻は、日本語しか話さない日本の人々に大変驚いたようです。
　これは彼らに限ったことではなく、日本を訪れた外国人は一様に、英語を話せる日本人が少ないことに驚きます。そして、すべての国民が6～8年間、学校で英語の授業を受けているのだと知ると、ますます不思議そうな顔をします。

日本人の英語の学習時間

　日本人はいったい、どれくらいの時間を英語学習に費やしているのでしょうか。アンケートを取って調べてみました。

Q. あなたはこれまでに、どのくらい英語を勉強しましたか？

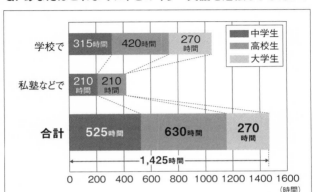

　上に掲載したのは、公立中学校、公立高校を卒業して大学まで進学した20歳代の方々の、平均的な学習時間をグラフにしたものです。

　長期休暇や祝祭日などを加味して中学校と高校は年間42週、1時限50分、大学は年間30週、1時限90分で計算すると、
〈中学校で〉
　週3時限（150分）×3年間（126週）＝315時間

〈高校で〉
　週4時限（200分）×3年間（126週）＝420時間
〈大学で〉
　週3時限（270分）×2年間（60週）＝270時間
　加えて私塾などで、
〈中学時〉
　週2時限（100分）×3年間（126週）＝210時間
〈高校時〉
　週2時限（100分）×3年間（126週）＝210時間
　以上を合計すると1,425時間。真面目な生徒ならば、予習、復習の時間、および入試を含めてテストの準備に倍の時間はかけるでしょうから、その分を上乗せして2倍にすると、2,850時間になります。
　小学校で英語に触れる時間があったと答えた人もいて、20代でも前半の人に多かったのですが、その回答内容を並べてみると、次のようになりました。
　・週3回を1年間
　・週1回を2年間
　・月1回を3年間
　・年3回を3年間
　・年1回を1年間

　このアンケートは、2012（平成24）年の春から秋に
かけて回収したものですが、その10年前の2002（平成
14）年からは、小学校の「総合的な学習の時間」が導入
されているので、その頃小学校の高学年だった20代前
半の方々は、ばらつきはありますが、導入当初から、こ
の時間の活用によって、英語に触れる機会があったこと
がわかります。

７割近くが道も教えられない、情けない教育！

　アンケートをお願いしたのは30人程ですが、回答を
寄せてくださった方19人中、「英語圏で生活できる程度」
の会話力を自認する人が２人いました。一人は大学生で、
もう一方は大学卒業後、週１回、会話学校で５年間勉強
した社会人でした。「道を聞かれたら教えられると思う」
という人が４人、そして68.4％に相当する他の13人は、
「全然自信がない」でした。全員が大学生あるいは大学
まで英語を学んだ人です。

Q. あなたは英語をどれくらい話せますか？

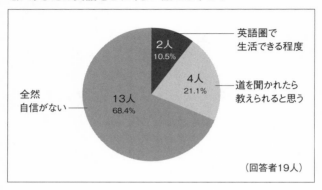

（回答者19人）

- 英語圏で生活できる程度 2人 10.5%
- 道を聞かれたら教えられると思う 4人 21.1%
- 全然自信がない 13人 68.4%

英語を学ぶ目的について尋ねたところ、次のような回答がありました。

・学校の必修科目だから。（法的には必修科目ではない）
　（学校の必修科目だからとしながらも）
・外国の人と話したいから。
・英語が話せるとかっこいいから。
・外国映画を字幕なしで見たいから。
・将来役に立つと思うから。
・海外旅行に行きたいから。
また、学校の授業の感想も併せて聞いたところ、何ら

かの目的意識を持って前向きに学んでいた人は、「授業
は楽しかった」、あるいは「楽しかったけれど覚えられ
なかった」、という項目を選んで回答しています。一方で、
「必修科目だから」とだけ答えた人は、「授業が苦痛だっ
た」という回答を選んだ人が多く、先の質問で英語圏で
の生活や道案内ができると答えた人の中にはいませんで
した。

　各人の努力、能力の違いもあるかも知れませんが、10
年近く学習して、7 割の人が道も教えられないという学
校の英語教育は、情けない結果だと思います。

学習者から見た日本の英語教育

　最後に日本の英語教育に関して自由な意見を書いても
らったところ、次のようなコメントが得られました。

・書くことに集中し過ぎている。

・英会話の時間がもっとあれば今より話せたと思う。

・もっと会話を重視した学習にするべきだ。

・早期教育が必要、小さい頃から英語に慣れるような、
　楽しく学べる授業があればいい。

　また、2011（平成 23）年度から小学校 5、6 年で「外
国語活動」として英語が必修化されたことについては、

・小学校からの英語教育は大変いい。
・小学校から自然と英語に触れて、自然に覚えられる
　環境が望ましい。
・小学校で担任の先生が教えるのは無理があると思う。
・小学校の英語教育は生ぬるい。
などといった意見が見られました。

　アンケートをお願いしたのは、知人から用紙を配って
もらった大学生、知人のマンションの住人、公園で遊ん
でいた親子連れ、時々やって来る銀行の人、知人の会社
の部下、通りすがりの人などですが、回答は予想に反す
ることなく、ほぼ日本の学校英語教育の現状が言い表さ
れている結果だと思います。

2　制度としての学校英語教育の始まり

　ここで、これまでの日本における学校英語教育の歴史
を振り返ってみましょう。我が国の英語教育の歴史につ
いては、『日本の英語教育200年』（伊村元道著／大修館
書店2003年刊）に詳しいので、その中から主として小
学生年代と中学生年代に関わる事柄を抜粋しながら変遷
を辿って見ていくことにします。

学制公布とともに導入された中学校での英語教育

　日本の近代的学校制度は、1872（明治５）年の学制公布によりスタートしました。この時、今の中学３年生から大学２年生の年代が通う男子のみの中学校（下等中学・上等中学、計６年制）で、中学生への最初の英語教育が始まりました。ただし、学校自体が誕生したばかりだった当時は、１週間の総授業時間数が25〜30時間と定められているだけで、学科ごとの基準時間数までは決められていませんでした。「英語は週６時間」と具体的に示されたのは、1881（明治14）年に布達された「中学校教則大綱」でのことです。その後、1886（明治19）年に学校令が公布されると、それまで計６年制だった下等中学・上等中学は５年制の尋常中学校に変わり、この時から就学年齢が２年早まって、今と同じ12歳から中学校に入学するようになりました。以来、中学生年代に対する英語教育は、終戦の頃に一時週４時間に減ったものの、現在までほとんど変わることなく週６時間という授業数でおこなわれてきました。

小学校での英語教育の始まり

　一方、小学生年代への英語教育については、学校令と

時を同じくして公布された小学校令（第1次）で設置された高等小学校で初めて制度化されました。高等小学校は、4年制の義務教育の尋常小学校（入学時6歳、修了時10歳）を修了した後の進学先として置かれたもので、就学年齢は、今の小学5年生と同じ10歳です。「教えても良い」という随意科目での導入でしたが、当時の文部省は、小学校令を公布する2年前にはすでに、全国の高等小学校に英語科の設置を認可するとし、併せて、「英語の初歩を加うる時は読方、会話、習字、作文等を授くべし」（『日本の英語教育200年』伊村元道著／大修館書店2003年刊／234頁）と、具体的な教育内容を通達しており、教科書もアメリカから輸入していました。

　採用されたのは、『Barnes' New National Readers』という教本で、これが以後、1908（明治41）年に文部省が初めて国定英語教科書を完成させるまで、高等小学校で英語の教科書として使用されることになりましたが、東京高等師範学校の附属中学校などでは、この教科書を明治20年代の終わり頃（1895～1896年）から使用し始めて、大正4年（1915年）まで20年近くも使っていたということです。

表1　日本の小・中学生年代への英語教育の変遷

年修齢学	1872年(明治5年)	1886年(明治19年)	1907年(明治40年)	1941年(昭和16年)	1947年(昭和22年)	1948年(昭和23年)	1998年(平成10年)	2002年(平成14年)	2011年(平成23年)
6歳(7)	下等小学校	尋常小学校	尋常小学校 →	国民学校 初等科	小学校 →				
7歳(8)	下等小学校	尋常小学校		国民学校 初等科	小学校				
8歳(9)	下等小学校	尋常小学校		国民学校 初等科	小学校				
9歳(10)	下等小学校	尋常小学校		国民学校 初等科	小学校				
10歳(11)	上等小学校	高等小学校			小学校				5・6年必修化
11歳(12)	上等小学校	高等小学校			小学校				5・6年必修化
12歳(13)	上等小学校	尋常中学校	高等小学校	高等科	(新制)中学校		必修化 →		
13歳(14)	上等小学校	尋常中学校	高等小学校	高等科	(新制)中学校		必修化		
14歳(15)	下等中学	尋常中学校	(旧制)中学校 →	(旧制)中学校	(新制)中学校		必修化		
15歳(16)	下等中学	尋常中学校	(旧制)中学校	(旧制)中学校		(新制)高等学校	必修化 →		
16歳(17)	下等中学	尋常中学校	(旧制)中学校	(旧制)中学校		(新制)高等学校	必修化		
17歳(18) 19歳(20)	中学 上等					(新制)高等学校	必修化		

※（　）内は修了時の年齢

□ 義務教育　　■ 英語を随意科目として設置　　■ 英語を必修科目として設置

25

昔も今も指導者不足

　初めて制度化された小学校での英語教育は、どのように
おこなわれたのでしょうか。出発時の戸惑いぶりがわ
かる新聞記事が残されています。

　　明治17年（1884）11月、文部省達によって「英
　語の初歩を加うる時は読方、会話、習字、作文等を授
　くべし」とされた。当時の新聞に「全国小学校に英語
　科を新設／だが先生からが英語を知らず／といって英
　語教師を雇えば金が要る！」（『郵便報知』12月12日）
　といった見出しが見える。
　　（『日本の英語教育200年』伊村元道著／大修館書店2003年
　刊／234頁より）

　小学校で英語教育を始めることにしたものの、指導者
がいないというわけです。これは明治時代に始まった小
学生への英語教育の実情が述べられたものですが、現在
の英語教育事情と全く同じことを言っています。当時の
標準授業時間数は週3時間。この度小学校で必修化され
た「外国語活動」は年間35時間ですから、明治時代の
ほうが現代よりもずっと時間数が多かったのです。

　小学生年代への英語教育は、1907（明治40）年の学
制変更により、高等小学校の就学年齢が今の中学生年代

からになったため、およそ20年で途切れることになりましたが、旧制中学校ではこの時、英語が必修になりました。その翌年には、加設校数・加設率が安定してきたこともあって、先にも触れた、我が国初の高等小学校用国定英語教科書が文部省によって作られました。教科書は全3巻から成り、『The Mombusho English Readers for Elementary Schools』と題されました。登場人物の大部分が日本人という異色なものでしたが、昭和の初期まで30年以上、ほとんど改訂なしに版を重ねました。

3　噴出し始めた英語教育への不満

　学校英語教育の歴史は、始まったばかりの明治の頃から、その時代を反映して起こった英語ブームと、その反動として発せられた英語教育無用論の繰り返しでした。

　29ページの表2は、英語教育に関わる主な出来事を年代順に並べたものです。改革・推進しようとするものには薄い色を、英語教育を抑制しようとするものには濃い色をかけてあります。

　細かいいきさつまで拾うことはできませんでしたが、明治から平成までの英語教育の趨勢を多少なりとも感じ

ていただけるのではないかと思います。

　以下、本節では明治・大正期、次節では昭和以降を舞台に、それぞれの時代で起こった動きを紹介しながら、英語教育を推進しようとする流れと、抑制しようとする流れの攻防を辿っていくことにします。

森有礼の「英語国語化論」

　以下の文章は、学制が公布されて旧制中学校で英語の授業が始まった翌年、一橋大学の創設者として、また初代文部大臣としても知られる森有礼が、いっそのこと英語を日本の国語にしてしまってはどうかと主張した、「英語国語化論」の顛末（てんまつ）について触れられた部分を『日本の英語教育200年』から抜粋したものです。

　　明治5年（1872）、時の駐米代理公使森有礼（もり　あり　のり）（1847-89）は日本語廃止・英語国語化論を唱えて、アメリカの言語学者にたしなめられた、ということになっている。〈中略〉当時世間が誤解したように「不完全な日本語では文明開化は無理だから、いっそ英語を日本の国語にしてしまおう」という主張だとすると、これは21世紀日本の英語公用語化論と似ている。〈中略〉モルレーの「国語を保存するは国民性（ナショナリティー）を保存する

表2　英語教育への批判と改革・推進の流れ

元号		西暦（和暦）	出来事
明治		1872年 (5)	旧制中学校で随意科として英語教育が始まる
			森有礼が「英語国語化論」を主張
		1874年 (7)	「共通口語」制定の動きが起こる
		1886年 (19)	高等小学校で随意科として英語教育が始まる（10歳〜）
		1890年 (23)	教育勅語発布、反欧化主義で英語教育が下火に
		1894年 (27)	岡倉由三郎が低学年への英語教育の弊害を説く
		1907年 (40)	高等小学校の就学年齢が12歳になる
			旧制中学校で英語が必修になる
		1908年 (41)	初の高等小学校用国定英語教科書が完成
		1909年 (42)	岡倉由三郎が語学教授法「8つの原則」を提唱
		1911年 (44)	岡倉由三郎が『英語教育』を出版
大正		1916年 (5)	大岡育造が英語廃止論を唱える
		1922年 (11)	文部省が英国人ハロルド・E・パーマーを招聘
		1924年 (13)	過激な英語排撃論が朝日新聞に掲載される
昭和	戦前	1927年 (2)	藤村作が「英語科廃止」の論文を発表
		1931年 (6)	英語の授業数が減る
		1938年 (13)	藤村作が「中学校英語全廃論」を発表
	戦後	1945年 (20)	第二次世界大戦敗戦、英語ブームが起こる
		1947年 (22)	義務教育の新制中学校で英語教育が始まる
		1955年 (30)	新制中学の英語必修化をめぐって論争
		1956年 (31)	ELECがミシガン大学教授フリーズを招聘
		1960年 (35)	日経連が「役に立つ英語」教育の要望を提出
			文部省が英語教育改善協議会を発足させる
平成		1998年 (10)	中学校と高校で英語が必修になる
		2000年 (12)	英語の第二公用語化論をめぐって論争
		2011年 (23)	小学校5年生から英語が必修になる

　　英語教育を改革・推進しようとする流れ　　　　英語教育を抑制しようとする流れ

所以なり」という見解によって否定され、漢字語を増やすことによって日本語を鍛え直そうという努力のほうが強く働いた。その結果、日本語は西洋文明を翻訳するに耐える言語として今日まで成長してきたのである。

（『日本の英語教育200年』伊村元道著／大修館書店2003年刊／263頁より）

　森有礼がおこなったこの主張は、いわゆる「国語外国語化論」と呼ばれるものですが、この種の論を唱えた人物は他にもいて、有名なのは、終戦直後にやはり英語を国語にせよと言った尾崎行雄、フランス語にせよと言った志賀直哉等が挙げられます。

　また、引用文の最後に触れられた「英語公用語化論」とは、1999（平成11）年に当時首相だった小渕恵三の私的諮問機関である「『21世紀日本の構想』懇談会」が「21世紀日本の構想」の中で示した、英語を日本の第2公用語とする言語計画であり、「英語の第二公用語化」と呼ばれて話題になりました。しかし日本独自の文化や歴史、日本人としてのアイデンティティが失われるのではないかと懸念する声が多く、こうした慎重論は、英語が小学校で必修化された昨今も根強く残っています。

　外国の文化を取り入れようとする動きの後には、反動
として、自国の文化を守ろうとする動きが出現し、井上
ひさしが『國語元年』で描いたような、方言などを統一
して全国的に「共通口語」を制定しようという動きが活
発になりました。

「低学年への英語教育は弊害あり」

　森有礼の「英語国語化論」が否定されて、やや失速し
たかに思えた英語ブームは、1886（明治19）年の高等
小学校英語科設置に向けて勢いを取り戻していきまし
た。しかし、その勢いも、再び収まりを見るようになり
ます。

　　27年（1894）前後には教育勅語が出されて欧化主
　義が終わると、英語ブームが去って、いったん下火に
　なる。その後また持ち直して、この統計の始まる33
　年（1900）頃からは加設校数・加設率ともに安定する。
　（『日本の英語教育200年』伊村元道著／大修館書店2003年
　刊／235〜236頁より）

　そして、小学生年代への英語教育が普及する中、「低
学年への英語教育は弊害あり」と声を上げた英語学者が
いました。西洋文化の流入が止まない時代にあって日本

画の発展に寄与した岡倉天心の弟、岡倉由三郎です。

　岡倉由三郎は明治27年（1894）に『教育時論』に連載した「外国語教授新論」の中で、次の4つの理由から、小学校から外国語を学ばせるのは害こそあれ、利はないと主張した。

　　1. 日本語の習得すら不十分な小学生に外国語を教えるのは弊害が少なくないこと
　　2. 外国語教授に十分な支出ができないので、不適当な教師しか雇えないこと
　　3. 小学校だけで終わる生徒が多く、外国語に費やした時間が無駄になること
　　4. 中学に進む一部の生徒のために随意科として設けても、別途の労力を費やすこととなり、訓育上弊害を生じやすくなること

（『日本の英語教育200年』伊村元道著／大修館書店2003年刊／235頁より）

　この主張から13年経って、高等小学校の就学年齢が10歳から12歳に変わり、約20年続いた小学生年代への英語教育は終わりになります。一方、岡倉由三郎はこの間にヨーロッパへと旅立ち、イギリス、ドイツでの4年間の留学を終えて帰国した後、新たな外国語の教授法を

提唱することになります。

大正期に起こった英語存廃論

　大正時代に入ると、英語教育廃止論が盛んに唱えられるようになり、英語教育を推進する側としばしば意見を戦わせるようになりました。その主だったものを『日本の英語教育200年』から紹介します。

　口火を切ったのは、1913（大正2）年から1914（大正3）年まで第1次山本内閣で文部大臣を務めた大岡育造で、退任して2年経った1916（大正5）年のことでした。

　　大正5年（1916）の『教育時論』（開発社発行、旬刊）第1133号に、かつて文部大臣も務めたことがある大岡育造が「教育の独立」を寄稿、「中学校より必修外国語科を除却すべし」と主張した。その論旨は「厳然として独立せる国が、普通教育に於いて外国語を必修科とする理由は断じてない。外国語を除却することによって、幾多の利益を収め得る。第一には生徒の苦痛の減少である。第二には教育費の負担軽減である。第三には時間を他に転じて有効に使用し得られることである。而して一般の知識が低下することを防ぐために

は、国家に翻訳局を設け、新知識を翻訳して安価に供給すればよい」というのである。

（『日本の英語教育200年』伊村元道著／大修館書店2003年刊／271頁より）

このような廃止論に、英語教育擁護論者が反論——。

　東京外語の村井知至が「中学校に於ける英語教育の拡張」と題して大岡の説に真っ向から反論した。「大世界的局面に処するには、普通知識もまた大世界的ならざるべからず。中学卒業生の英語の役に立たざることは、外国語を必修科にするの不可なるにあらずして、教授法の不完全か、学修者の努力の足らざるが故なり。〈中略〉」〈中略〉結論として「中学校に於けるあらゆる学科を、悉く英語の教科書を以て教授し、今日の英語の時間として用うる時間を国語漢文の時間となすことの反って至当なるを信ずるものなり」と英語教育拡張論を展開した。

（『日本の英語教育200年』伊村元道著／大修館書店2003年刊／271～272頁より）

1924（大正13）年、過激な英語排撃論が新聞に——。

　大正13年（1924）5月にアメリカが移民法を改正して、日本からの移民をすべて禁止したとき、日本人

の対米感情は極度に悪化した。日本人は帰化不能外人としての汚名を着せられたのである。日本人の誇りは深く傷つけられた。〈中略〉日米戦争を予想するような物語が少年雑誌にも登場して、反米感情を煽り立てた。報復として、英語への反撥も強まり、過激な英語排撃論が『東京朝日新聞』などに載った。

　その代表的なものは、海軍少佐福永恭助の「米国語を追払え」（東京朝日、6月18日）であった。〈中略〉

　これを受けて数日後には、朝日新聞記者、杉村楚人冠（そじん）の「英語追放論」（6月22日）が出た。

　　私はかねてから今の中等教育から英語を追い出したいと思っている。それが出来ないなら、せめて中学の英語を随意科にしたいと思っている。今の中等学校の英語教育ほど無用なものはない。1週間10時間位教えて、5年たったところで、何になるものでない。

　　殊に今の英語教育は読むことにのみ重きを置いて、その他はほんの付けたりに教えるだけだから、中学校を卒業しても、話も出来なければ手紙も書けない。読む方にしたところが、まことに中途半

端のもので小説が読めるじゃなし、新聞が読める
でもなし。卒業後、高等の学校にでも入って、さ
らに研究を続けるなら格別、そうでない以上は、
大抵3、4年のうちに忘れてしまうのが落ちだ。世
の中にこれほど馬鹿々々しい事があるものでない。

（『日本の英語教育200年』伊村元道著／大修館書店2003年
刊／272～274頁より）

　他にも数多くの英語排斥論や英語無用論が新聞、雑誌
上で飛び交いました。こうした論議が持ち上がる背景に
は、成果の上がらない英語教育の実態がありました。

大正から昭和にかけての授業風景

　次に紹介するのは、大正中頃から昭和初期にかけて、
旧制中学校で実際におこなわれていた訳読の授業の様子
です。

　　旧制中学校における退屈な授業風景を澤村寅二郎
　（1885年～1945年　英文学者、1910年東京帝大英
　文科卒、文部省在外研修員として渡英、1923年東京
　高等学校教授、1927年東京帝大助教授、1944年退官：
　著者注）が多少戯画化してはいるが、目に浮かぶよう

に再現しているので、長いが引いておく。

> 　鐘が鳴って生徒が教場に集まる。教師が教壇に現れて、生徒は礼をする。教師は出席簿を読む。生徒たちは互いに談笑したり、鉛筆を削ったり、書物やノートを出したりしている。
>
> 　教師は「今日は何ページの何行目から」と言って、閻魔帳を見て一人の生徒を指名する。生徒は立ってreadingをする─どもりながら、一緒に読むべき単語と単語とを切れ切れに離したり、あるいは切り離す単語をくっつけたり、発音を間違えたりしながらある分量を読む。何しろ意味が十分に分かっていないのだから無理もない。そしてそれを聞いているのは教師と少数の真面目な生徒だけで、他はやはりヒソヒソと話をしたり鉛筆を削ったりしている。厳格な先生ならば、そういう生徒を叱ったり、一方readingをしている生徒の読み方を訂正し、あるいは出来る生徒に発音やaccentを尋ねたりするであろう。
>
> 　しかしreadingなるものはたいていの場合、語句を音の流れや音のpatternとして取り扱うより

も、単語を単位とした分解的なもので、教師の訂正は単にreadingしている生徒に対した個人的なもので、しかもその生徒は後でしなければならぬ訳読に気を取られて、その訂正に大して注意しない。いわんや他の生徒たちも結局は訳が重要なので、試験も多くの場合訳さえ書けばよいのであるから、ほとんど注意を払わない。だから時間を食う割合に一向効果がない。また教師が無責任な呑気な人ならば、生徒のreadingに対して教師自身もあまり注意を払わず、結局それは生徒の訳す分量を決めるためのようなものとなってしまう。

　やがて生徒の訳読が始まる。生徒は何とか語句に訳をつけて責任を免れればよいので、自分の言う事が結局どんなたわ言であろうと、教師に小言を食わないことを限度として、何とかお茶をにごす。他の生徒はどうせ後で先生が好い訳をつけてくれることは分かっているし、殊に訳をしている生徒が出来ない生徒ならば、そんな者の言うたわ言に耳をかしはしない。今どこをやっているかという事だけ分かっていれば、先の方の自分の当たりそうなところを見たり、また既にその準備が出

来ているなら、次の時間の数学の問題でも考える
か、それともノートに先生の似顔でも描いている。
　そこでいよいよ先生のreadingが始まる。しか
し生徒の待っているのは先生のreadingでなくて
訳である。大多数の生徒は十分に調べていないか
ら、この先生の訳を筆記するのが、時間中の最も
重要な仕事である。先生の訳がすむと次の生徒が
当たって、また同じ事を繰り返す。かようにして
生徒が耳にするもの、少なくとも注意して傾聴す
るものは、日本語である。英語は単に目によって
漠然と認識され、訳読のヒントを得るための印と
して取り扱われるのみである。たとえ英語を耳か
ら聞くにしても、それは印刷されたものを眼でた
どっていながらのことであるから、音としてそれ
に注意を払わない。　　　（『訳読と翻訳』、p.13-14）

　今でもこれと大して変わらない授業が行われている
のではないか。
（『日本の英語教育200年』伊村元道著／大修館書店2003年
刊／62〜63頁より）

　最後の一文は、2003（平成15）年にこの本（『日本

の英語教育200年』）を上梓された伊村元道先生のご推察
ですが、心当たりのある方が多いのではないでしょうか。

4　止まない批判

　時代が昭和に移っても、学校英語教育への批判は止む
ことがありませんでした。それどころか、さらなるセン
セーションが巻き起こります。

　　講談社発行の大衆雑誌『現代』の昭和2年（1927）
　5月号には、東京帝大国文科の教授藤村作（1875-
　1953）による「英語科廃止の急務」と題する爆弾的論
　文が発表されて、一大センセーションを巻き起こした。
　〈中略〉藤村は、日本人が日常生活まで外国を模倣す
　るのを非難し、教育制度における外国語の過重な負担
　を指摘し、外国語が国民生活に必要というのは疑わし
　い。中等学校の英語科、専門学校の外国語などは廃止
　して、大学の予備校（つまり旧制の高等学校）あたり
　で習得させればよい、と主張した。そして外国語を廃
　止するとともに、国家による大翻訳局の新設を提唱し
　た。
　　（『日本の英語教育200年』伊村元道著／大修館書店2003年

40

刊／274〜275頁より）

　これに対し、英語は教科として存続させるべきだという立場をとる存置論者が教育的価値を主張して反論したため、激しい論争が繰り広げられることになりました。

藤村作の皮肉

　藤村はさらに、論争が沸き上がるさなか、再び『現代』10月号に「英語科処分の論争に就いて」を発表し、存置論者の発言に対して、辛辣な皮肉を交えて次のように反論しました。

> 　存置論者は、英語教育には実用価値と教養価値がある。外国語を知り、外国と外国人を知ることによって、かえって国民としての自覚と反省が得られる、というが、藤村は思想内容を知るだけなら翻訳で間に合うのではないかと反論している。

> 　私は、翻訳なんか駄目だ、原文で読んで言語や文学の持つ匂や味を味わい得る為に英語科が必要だ、と仰しゃる存置論者の指していられる英語の学力はどういう程度のものであろうか。この点は英語科の存廃を論ずるに当って十分に見当をつけ

なけて（原文のまま：著者注）置かねばならぬと思います。

藤村はまた、こんな皮肉も言っている。

　何処まで進んだら、外国文を読むのに、頭の中で自国語に全く翻訳することなしに読めるものか私にはわかりませんが、さういうことが中等学校や高等学校の学生に望まれることでしょうか。外国人として英語の前置詞の使い方のむつかしさは、25年日々英文を書き英語を話す職に在った私の知人が今以て十分に出来ないとこぼしておられる事実でもわかりますが、こういうものが自由に使いこなせるでなければ（原文のまま：著者注）、言語の匂いは十分にはわかりますまい。私は天爾波〔助詞・助動詞のこと〕が自国語であるので、幸いな事に和歌や俳諧や、古典文の美も相当に解し得ると思うておりますが、それでも随分苦労はさせられます。

（『日本の英語教育200年』伊村元道著／大修館書店2003年

刊／277〜278頁より）

教育理論と成果のギャップ

　この流れを受けて雑誌『現代』は、藤村の2回目の論文を掲載した10月号において、「中等学校の英語教育をどうするか」という質問を読者に投げかけ、投書を募りました。それに、各界、各層に及ぶ多数の人たちから1,870通もの投稿が寄せられ、そのうちの80余通が後続の号に掲載されました。

　その中の一つ、『福岡日日新聞』の記者である金生喜造によって書かれた投稿では、有名な英語の先生たちが唱える教養価値と現実との間の大きなへだたりを、次のように指摘しています。

　　今日の中学校の英語教授は、岡倉先生の堂々たる御意見（岡倉由三郎が提唱した「8つの原則」49頁参照：著者注）の通りに教授されていないことは否定し難い現実である。見よ、些細な文法の規則を忘れたものは、重罪を犯したものゝ如く叱責されているではないか。舌の曲げ方の下手な生徒は、一時間棒立ちに立たされて、いじめられ恥かしめられ、あざけり罵られて居るではないか。人々のプライドをきずつけ、人の子のすなおな

品性を賊うて、何の教養価値があろうぞ。

（「改善の余地多し」）

（『日本の英語教育200年』伊村元道著／大修館書店2003年
刊／277頁より）

　さらに、当時発刊されていた英語研究者向け雑誌『英
語青年』（研究社）では、1928（昭和3）年から1929（昭
和4）年にかけてアンケート調査がおこなわれており、
その集計結果は次のようなものでした。

　（1）文部省が文政審議会に諮詢していた英語の授業
時間削減と随意科案（進学と就職の2部制）には賛成
が多かった、（2）英語教育の目的については「読書
力の養成」をあげているものが多い、（3）教授法の
改善と受験英語に対する批判が目立った。存置論者（つ
まりほとんどの英語教師）の見解は、多少のニュアン
スの違いはあっても、大勢としては学校で教えている
英語は実用にならないことを認めた上で、それでもな
おそこには「教養価値」があるのだ、という主張であ
る。具体的には、自国語に対する理解が深まる、言語
一般に対する認識がが深まる（原文のまま：著者注）、他
の文化（今でいえば異文化）を学ぶことができる、な
どといったところである。

（『日本の英語教育200年』伊村元道著／大修館書店2003年刊／279頁より）

このアンケート結果について伊村元道先生は、『日本の英語教育200年』の中で次のように述べておられます。

　つまりここへ来て、明治以来の西洋文明摂取のための「手段としての英語」、という考えが完全に放棄され、副次的、教育的価値だけでも英語科には存在理由がある、と主張されるようになったのである。後に「教養英語論」と呼ばれるようになるこの主張は、明治の岡倉においては英語教育の目的の2つの側面のうちの1つであったはずが、この頃から、実用に対立するものとしての教養、という存在になってきたといってよい。その代表的論客は、岡倉の弟子の福原麟太郎であった。
（『日本の英語教育200年』伊村元道著／大修館書店2003年刊／279頁より）

こうした中、1931（昭和6）年には、旧制中学校の英語の授業数が初めて減らされることになりました。1881（明治14）年に中学校教則大綱で示されて以来週6〜7時間だった英語の時数が、1学年から3学年までが5〜6時間、4学年から5学年は進学組が4〜7時間で就職組は2〜5時間に変更されたのです。

英語の授業の存廃をめぐる論争はその後も続き、なかなか出口が見えない状況にありましたが、1938（昭和13）年に再び藤村が『文藝春秋』3月号で「中学校英語科全廃論」を発表した際には、中国との戦時下という時流に乗って世論の支持を得ることになりました。そして、その翌年の1939（昭和14）年には第2次世界大戦が勃発。敵国の言語となったことで、英語全廃論がさらなる高まりを見せ、高等師範学校での英語の授業は1940（昭和15）年くらいまで続けられたものの、打ち切られることになりました。しかし、中学英語については徐々に授業数は減らされたものの、戦時下においても文部省は、全廃まで踏み切ることはしませんでした。

再び強まった英語教育への風当たり

　1945（昭和20）年、第2次世界大戦で敗戦して終戦を迎えると、英語ブームが起こりました。1947（昭和22）年には学制が改められて、義務教育として男女共学の新制中学校が設置され、英語も教えられることになりました。選択科目での導入でしたが、高校入試科目に英語があったため、ほとんど必修科目として扱われました。しかし、授業数は週平均3時間となっており、明治時代

の半分しかおこなわれませんでした。

　戦後しばらくは国民的英語ブームに押されて、英語教育の現場は落ち着きを取り戻したかのようでしたが、1955（昭和30）年になると、今度は新制中学校の英語必修化の是非をめぐる議論が起こり、加藤周一が「信州の旅から―英語の義務教育化に対する疑問」と題した評論を『世界』12月号に発表。再び英語教育への風当たりが強まりました。その時に発表された評論の趣旨は、次のようなものでした。

（1）日本の中学生の圧倒的多数は、仕事の上で将来英語を実用に供する機会をもたない。

（2）実用に供する必要のある場合には、今の中学校はもとより高等学校卒業生の知識でも不充分至極である。国際会議に至っては大学卒業生の大部分がゼロである。

（3）従って、全国の中学生に漫然と不充分な教育をほどこす代わりに、一部の生徒をもう少し徹底的に教育できるような方法を、何とかして編みだしてゆく必要がある。

（『日本の英語教育200年』伊村元道著／大修館書店2003年刊／282～283頁より）

5　改革の波

　加藤が評論を発表した翌年の1956（昭和31）年には、アメリカのロックフェラー財団が、日本の英語教育改革援助に乗り出しました。日本は独立を回復していましたが、アメリカは、日本の英語教育改革を占領政策のやり残しと考えていたのです。この時、日本英語教育研究委員会（ELEC:現在の英語教育協議会）はミシガン大学の教授であったフリーズを顧問に迎えました。教授は講演などをとおして自らが作り上げた「オーラル・アプローチ」という英語教授法の普及に努めました。

戦後に導入された「オーラル・アプローチ」法

　フリーズが提唱した英語教授法とは、次のようなものでした。
1. 音声言語、話し言葉（つまり生きた英語）を優先。
2. リスニング→スピーキング→リーディング→ライティングの順序で学習する。
3. 音声・文型・文法などの言語構造の学習が中心。
4. 文法は帰納的に教える。

5.学習作業の中心は、口頭による反復練習のドリル。
（耳・口中心）

6.模倣・反復・強化により言語習慣の形成を図る。

7.授業は原則として英語で行う。

8.意味の理解は、日本語を介在させないで、絵や実物
を通して直接行う。語彙の拡大よりも、まず発音・
文型の完全学習を優先する。

9.授業は教師主導型。予習は前提としない。

10.既習事項との対比を重視し、前時の復習から始める。

（『日本の英語教育200年』伊村元道著／大修館書店2003年
刊／72頁より）

このフリーズの「オーラル・アプローチ」は、英文を
簡略化して、パターン・プラクティス（文型練習）で覚
えるもので、日本人の指導者でも訓練すればできること
から広い支持を得るようになりました。

明治時代に岡倉由三郎が提唱した「8つの原則」

英語教育改革への取り組みは戦後が初めてではなく、
明治の頃、低学年への英語教育に警鐘を鳴らした岡倉由
三郎は、4年間の海外留学を終えて帰国した後、1909（明
治42）年に「8つの原則」を基本とする新教授法を文

部省の報告書に著しました。フリーズの「オーラル・ア
プローチ」と比べてみても遜色のないものです。内容は、

1. 最初の間は、耳によってのみ訓練すること。
2. 全課程を通じて、出来る限り外国語を用いること。
3. 自国語を外国語に翻訳すること［つまり和文英訳］
   は、上級の外は、全く除くか、または幾分か除くべ
   きこと。
4. 外国語を自国語に翻訳することは、なるべく減縮す
   ること。
5. 授業の初期には、広く絵画を用い、具体的に示すべ
   きこと。
6. Realien［風物教授］、即ち外国の生活・風俗・制度・
   地理・歴史・文学などを広く教うべきこと。
7. 読本［リーダー］を基礎として、たえず会話を行う
   べきこと。
8. 文法は読本から帰納的に教うべきこと。

（『中等教育教授法・上』第3章、1910年）
（『日本の英語教育200年』伊村元道著／大修館書店2003年
刊／71頁より）

　岡倉由三郎は、以上の新教授法を提唱しただけでなく、
1911（明治44）年に博文館から出版した『英語教育』の「教

50

育教授の要旨」で目的論を語り、既に世間から「英語教育は効果が上がらない」と非難を受け、英語の学習意欲を失っていた学生を鼓舞するなど、英語教育の普及に貢献したことで知られています。

大正時代の文部省による改革の試み

　英語教育を改革しようとする試みは、英語廃止論が飛び交っていた大正時代にもおこなわれました。文部省が英語教授顧問として英国人ハロルド・E・パーマーを招聘したのです。パーマーは1922（大正11）年に来日すると、「英語教授研究所」を創立して、「オーラル・メソッド」による英語教育の改革運動を始めました。しかし、このメソッドは、声を聞いて話す「オーディオ・リンガル（Audio Lingual）」教授法であり、「日本語はなるべく使わない」のが特徴です。そのため、日本人の指導者では無理があったため、改革はなかなか思うように進みませんでした。

　パーマーは結局、1936（昭和11）年まで14年間滞在して日本を去りましたが、その教えは東京師範学校の附属中学校に受け継がれました。また、特筆すべきことはこの時代ですでに「入学試験に聴解テスト及び口頭テス

ト を 導入 する こと」 も 提唱 して いた と いう こと です （小
篠 敏明 氏 〈『Harold E. Palmer の 英語 教授 法 に 関する 研
究』〉 HP より）。

昭和時代の改革を経て出された指導要領

　以上 の よう に、 わが 国 で 小・中 学生 年代 へ の 学校 英語
教育 が 始まって 以来、 明治・大正・昭和 と、 英語 教育 の
改革 に 取り組んで きました。 これ は、 度々 起こる 英語 教
育 無用 論、 英語 廃止 論 と いった、 裏 を 返せば 成果 の 上 が
らぬ 英語 教育 に 対する 改善 要望 へ の 対応 だった と 言える
でしょう。 そして 改善 の 方向 が、 明治 の 岡倉 由 三郎 の 時
代 から すでに 「聞く・話す」 と いった 実践 的 英語 力 の 基
礎 を 養う こと に 向かって いた の は 明らか で、 この 方向 性
が 岡倉、 パーマー を 経て、 戦後 に フリーズ の 「オーラル・
アプローチ」 が 採用 されて から 出された 中学校 学習 指導
要領 に も 示されて います。

　　昭和33年度 (1958) 版 の 「中学校 学習 指導 要領」 の 「外
　国語」 の 指導 目標 は 「具体 目標」 だけ に しぼられて い
　る。 実用 主義 へ の 転換 か。 この ほか に 「各 学年 の 目標」
　が ある。

1. 外国語の音声に慣れさせ、聞く能力および話す能力
   の基礎を養う。
2. 外国語の基本的な語法に慣れさせ、読む能力および
   書く能力の基礎を養う。
3. 外国語を通して、その外国語を日常使用している国
   民の日常生活、風俗習慣、ものの見方などについて
   基礎的な理解を得させる。

（『日本の英語教育200年』伊村元道著／大修館書店2003年
刊／97頁より）

「実用」か「教養」かで英語教育大論争再び

　しかし、すぐこの2年後の1960（昭和35）年には、
日経連から「役に立つ英語」教育の要望が出されます。
英語教育のあるべき方向性が見えていながら、なかなか
成果の上がらない日本の英語教育。文部省は、英語教育
改善協議会を発足させますが、それでも改革は進まず、
やがて「実用」か「教養」かをめぐる歴史的論争が再び
繰り返されることになります。

　1974（昭和49）年4月、当時参議院議員だった平泉
渉が自民党の政務調査会に「外国語教育の現状と改革の
方向」という試案を提出。その中で、学校英語教育は「実

用」を重視すべきと謳ったため、同じ参議院議員で上智大学教授の渡部昇一が、目的は実用ではなく「教養」を獲得するための知的訓練にあると反論し、翌1975（昭和50）年にかけて英語教育大論争が繰り広げられました。

　この論争はまた、戦後からの懸案事項だった義務教育における「英語科の必修」の是非にも及んでおり、平泉は、英語は受験のために教えられているようなものであり、過重な負担であるため効果が上がらないとし、強制すべきではないと主張。しかしこの問題については、1998（平成10）年、中学校・高校で外国語が必修科となったことで一つの結論が出されました。この英語科必修化の流れは小学校にも波及し、2002（平成14）年に「総合的な学習の時間」が導入された後、2011（平成23）年度から「外国語活動」として英語が小学校5年生から必修となりました。1907（明治40）年以来104年間途絶えていた小学生年代への学校英語教育が復活したのです。

6　歴史から学べること

　ここまで、旧制中学校で英語教育が始まった明治初期（1872年）から小学校での英語教育が再び必修化された

2011（平成23）年まで、およそ140年間にわたる歴史を振り返ってきました。その中で繰り返されてきた論争は、小・中学生年代への英語教育の是非を問うものでした。入学年齢10歳、卒業年齢14歳の高等小学校で初めて英語教育がスタートしたのは1886（明治19）年のことでしたが、なぜ明治政府は、「子どもに英語は無用」と叩かれながら、英語をほとんど使う当てのない年代の子どもたちに英語を教えようとしたのでしょうか？

明治の早期英語教育は長崎通詞の養成がお手本？

　江戸時代、長崎にオランダ船が来るようになって、大急ぎでオランダ語ができる通詞（通訳）を大量に養成しなければならなかった時、8、9歳の子どもから教育を始めたというお手本がありました。その効果は抜群で、例えば、「オランダ商館長の一行が江戸に来た時、『江戸の蘭学者、交話せしに、一言半句も通ぜざりし』とある。彼らは長崎通詞に通訳してもらって質疑応答をしたのである」（『日本の英語教育200年』伊村元道著／大修館書店2003年刊／18頁より）。

　明治政府は恐らく、このような江戸時代の実例に学んで低年齢の子どもから英語教育を始めたのでしょう。と

ころが週に高等小学校で3時間、男子の中学校では6時間の授業時間があったにもかかわらず、明治時代の英語教育は成果が上がりませんでした。

聞いて話さなければ使えるようにはならない

　長崎通詞を養成するにあたっては、「ＡＢＣの読み方・綴り方から始めて会話文の暗唱に進み、最後はオランダ文の書き方にいたるという、今でいう4技能をまんべんなく学ぶというやり方である。〈中略〉特に入門期には耳と口の訓練に重点が置かれ、発音が重視された」そうです（『日本の英語教育200年』伊村元道著／大修館書店2003年刊／18頁より）。しかも通詞は世襲制で、仕事としてオランダ語の研修を受けたので、恐らく朝から晩まで、懸命に勉強させられたのではないかと思います。脱落者もいたようですが、大勢はその成果が認められ、やがてオランダ語以外の外国語の研修も命じられるようになりました。

　外国に移住した家族の中で、真っ先にその地の言語を使えるようになるのは子どもたちです。子どもたちは、毎日友達と遊びながら、何語でも易々と覚えてしまいます。私は以前、著名な英文法の大学教授が、アメリカ人

講師と隣席するのを、それとなく拒んで席を替えた場面に居合わせたことがあります。即ちその大学教授は「江戸の蘭学者」です。

　文法に精通していれば、会話はさぞかし楽にできるだろうと思っていた私には、その光景は意外なものでした。

延々と続けてきた訳読法

　明治の頃から（恐らく自分自身の留学経験を通して）すでに気が付いていた岡倉由三郎をはじめ、大正時代にはパーマーが、そして戦後はフリーズが、「聞く・話す」ことを基本に据えた英語教授法の普及に努めてきました。それにもかかわらず、今も授業は相変わらず訳読法が中心です。近年、ネイティヴスピーカーによる英会話の授業を少人数クラスで実施しているところもあるようですが、あったとしても週1時間か、せいぜい2時間です。

　参考までに、訳読法の特徴をまとめたものを『日本の英語教育200年』から紹介します。

1. 文字言語中心、書き言葉中心。
2. リーディング（それも精読）中心。意味内容の把握と、いかに自然な日本語に訳すかが最大の関心事。
3. 文法（8品詞・5文型）の学習から出発。

4. 教室作業としては、訳すことと文法的分析、プラス多少の音読。

5. 授業用語はもっぱら自国語。

6. 予習の中心は辞書（特に英和辞書）を引いて単語帳をつくること。

7. 教室では教師主導。家庭での予習を前提とする。自学自習も可能。

8. 多人数クラスでも実施可能。

9. 学習者の側に、外国文化に対する強い関心があれば効果があがる。

（『日本の英語教育200年』伊村元道著／大修館書店2003年刊／65～66頁より）

　そして、このような授業を続けてきた結果、英語教育の存廃をめぐる論議が延々と繰り返されてきたのです。度々起きる論点は似たようなもので、まとめてみると次のようになります。

■廃止論者の主張

1. 学習効果がない。

2. 学修者が苦痛を感じている。

3. 折角覚えても使う機会がなく忘れてしまうので時間の

無駄。英語に使う時間を他の勉強に使うべき。
4.思想内容を知るためならば、翻訳で間に合う。
5.適切な指導者がいない。
6.教えるために費用がかかる。

■存置論者（主に英語教師）の主張
1.教養として英語は必要。
2.世界を見る目が平らになる。
3.海外の思想内容を知るために必要。
4.原語の匂いを通して獲得したものが、われらの血となり、肉となる（現実には血となり、肉となる程の効果が上がっていない）。
5.廃止すると国家的発展の芽を摘むことになる。
　などの意見に集約することができます。

絵に描いた餅

　戦後支持されたフリーズの「オーラル・アプローチ」による英語教育改革から60年以上が過ぎました。フリーズの理論とほぼ内容を同じくする明治の岡倉由三郎の「8つの原則」の提唱から数えると100年以上も経過しています。それなのに未だに英語教育が「言語として役

に立たない」、「成果が見えない」教育と言われ続けています。その主たる原因は、日本の学校英語教育の全歴史を通じて「最初の間は、耳によってのみ訓練する」、あるいは「授業は原則として英語でおこなう」がこれまでは不可能に近かったからではないでしょうか。もし、この点が実行できていたならば、岡倉やフリーズの改革案にある「文法は帰納的に教えること」も容易だったはずです。どんなにいい方法論が出されても、実行する手段がなければ、それは単なる理想論に過ぎず絵に描いた餅のようなものです。岡倉やフリーズの理論は、当時の日本人英語教師にとっては、まさに絵に描いた餅だったに違いありません。

　恐らく明治時代の英語の音源は、少数の在日ネイティヴスピーカーと留学帰国者、および彼らから教育を受けた、少数の英語教師に頼るしかなく、その教師たちも俄か作りで、どの程度の英語力だったかは容易に想像がつきます。現代のように録音教材を作る技術もなく、指導者のナマの声に頼るしかなかったのはやむを得ないことだったでしょう。

　しかし、現代では外国語の音源は容易に手に入ります。各学校の教室にはテレビモニターが設置され、テレビ番

組だけでなくDVDも見ることができます。性能の良い
録画・録音・再生機材も普及しているので、工夫次第で
外国語の自然習得に近い環境を容易に作ることができま
す。この恵まれた時代にあって、2011（平成23）年か
ら始まった小学校での必修授業は、急ごしらえの指導者
と指導ノウハウを持たないネイティヴスピーカーによる
週1回の授業で、年間35時間というカリキュラム。こ
れではとても「最初はたくさん聞かせること」には程遠
いものです。成果が上がらないのは目に見えています。
再び「話せない英語教育」の歴史が繰り返されることに
なります。

第2章　言語獲得のしくみ

1 赤ちゃんは、生まれた瞬間から言葉を聞き始める

　赤ちゃんは自然にあるいは自発的に母語を獲得します。易々と（このように見えます）母語を手に入れて、３歳ぐらいで日常生活に不自由のない程の会話ができるようになります。大学卒の平均的英会話力より、優れているのではないかと思います。子育てを経験した方は、神秘的とも言える赤ちゃんの言葉の発育に驚かされたことと思います。赤ちゃんはどのような心の働きをしながら言葉を獲得するのでしょう。

産声
　誕生の第一声は「ふぎゃあ」とか「あーあー」と聞こえ、これは赤ちゃんが肺呼吸を開始した証しの重要な泣き声です。人間には大きく口を開けて呼吸をすると声を出すことができる機能が生まれつき備わっているのです。その声は泣き声と呼ばれますが広義には言葉の一種ではないかと思います。大人も言葉にならない感情を泣き声で表現することがあります。

赤ちゃんが最初に聞く会話

　産声を上げた瞬間から、大抵は医師と看護師と母親（最近は父親も）との間で交わされる母語を聞き始めます。胎内にいる時から、外界の音を振動音として聞いているという説もあり、聴覚は感覚の中で最も優れているのだそうです。

「男（女）の子です」

「五体満足ですか」

「元気な泣き声」

「髪の毛がふさふさしているわ」などなど。

　それからは1日平均5〜6時間は育児者（大抵は母親）の母語を聞いています。意味はわからなくても、まわりの声を音として聞いているはずです。

泣き声は赤ちゃんの言葉

　3ヵ月もすると音に反応して、お乳をくれる人の声を聞き分け、その人の声が近づくと、じっと耳をそばだてているような表情をします。泣き声は「ふぎゃあ、ふぎゃあ」、「ああ、ああ」か「わあわあ」としか聞こえませんが、表現が微妙に異なっていて、聞き慣れると泣き声で、訴えていることの90%はわかるようになります。赤ちゃ

んは泣くという唯一の手段で意思を伝えているのです。言葉の代わりに泣いているのですから、泣かれるのを恐れることはありません。

コミュニケーションの始まり

　泣き声で話している赤ちゃんに、母親は言葉で話を返します。赤ちゃんが「ふぎゃあ、ふぎゃあ」と泣くので、「はい、はい。お腹が空いたのね。おっぱいですね。その前におむつを替えましょうね」

　と応じると、赤ちゃんは母親の気配を感じて甘えた声になり、一瞬泣くのを止めますが、期待通りにおっぱいがもらえないことがわかると、怒りを含んだ声で激しく泣き、もらえるまで泣き続けます。抱き上げられて乳首に吸い付くことができるまで、いろいろな声で泣きます。おっぱいの出が悪い時は、乳首から口を放して悲しそうに泣きます。赤ちゃんは生きなければならない本能から、泣くことで食を要求します。泣き声は人間が言葉を作る前の原始的な意思伝達法の名残りだろうと思います。

言語の始まり

　数年前にテレビで、深い谷を挟んだ2人の人が、「あー

ああーあー」と、今も声の調子だけで用件を伝え合う民族のドキュメンタリー番組を見たことがあります。日常は何語を話す人たちなのかは聞きもらしましたが、彼らは古来のその伝達法を絶えさせないように、子どもたちに伝えていきたい、と話していました。

　数千年前の原始時代の人間は、文字もなく、言語の始まりはこのように、ただの声の調子（メロディ）と、手振り身振りだけを伝達手段にしていたのだろうと思います。現代の言語に至るまでの時間に思いを馳せると、長い道のりです。

2　言葉の発育

　母語が獲得されていく過程の第一歩は、育児者が、赤ちゃんが理解しているか否かにおかまいなく、必要な情報を一方的に話しかけることから始まります。4〜5ヵ月もすると、赤ちゃんはその人の口元を見ながら、泣き声だけではなく、「アー」、「うー」、「ホー」という意味不明の、話しかけているような、いろいろな声を発するようになります。歌うような奇声を上げることもあります。これは、喃語と言われる赤ちゃん語です。

赤ちゃんの発語については、言語の発達を学問的に研究されている専門の研究者もいらっしゃると思いますが、赤ちゃんを取り巻いている言語環境も刻々と変わっているので、発達の仕方が違ってきているかも知れません。本節を書くに当たっては、５人のお母さん方にお願いして、赤ちゃんが喃語期を過ぎてから言葉を言えるようになっていく過程を観察し、記録してもらうことにしました。

発語の記録
　記録の内容を次ページ以降に掲載しましたのでご覧ください。本来ならば、全員の記録を載せたいのですが、ページの都合上、よう̇く̇ん̇、ゆ̇う̇な̇ちゃん、た̇っ̇く̇ん̇の３人の記録を紹介します。

赤ちゃんの発語①　ようくん（男）2009年9月生まれ

月齢	理解できることば	言えることば
9ヵ月	名前を呼ばれると手を上げる。	
10ヵ月	「いただきます、ごちそうさま」でパチパチと手を合わせる。	
11ヵ月	「ごっつんこ」というと、おでこをママのおでこにくっつける。	「わんわん」
		「ママ」
	「なでなでして」と言うと、ぬいぐるみや赤ちゃんをなでる。	「おいちい」おいしい
		「どうじょ」どうぞ
12ヵ月	「もしもし」と言うと電話に耳をあてる。	「おいしい」のベビーサインができる。
	「座って」と言うとすわる。	「いない、いない、だー」いない、いない、ばあ
	「お馬さん　ぱっか　ぱっか」と言うとロディーに乗せてと手をのばし、乗せると嬉しそうにする。	「はい」どうぞの意味で「これこれ」
	だるまさんの絵本の「目」「手」「歯」「毛」を指す。	※取って欲しいもの、やってほしいことがあると言う。
	「ドデッ」「びろーん」など自分の体で表現する。	名前を呼ぶと「はいっ」と言って手を上げる。
	「チューして」と言うとチューしてくれる。口を大きく開けたままで。	「いない、いない」
		「ないない」片づける。あるいはごみを捨てる。
		「こっち」
13ヵ月	「おでかけするよ」というと玄関に行く。	※「これ」とほぼ同じ。
	「こんにちは」と言うとおじぎをする。	「どうぞっち」「ぽっぽ」鳩ぽっぽ※似たような鳥全般に。
	「絵本を読む?」と聞くと絵本を取り出す。	「おちたー」
		「ブーブー」※車・豚
		「でしゃ」電車、「立っち」

月齢	理解できることば	言えることば
	「ありがとう」と言うとおじぎをする。 「もぐもぐしてね」と言うと口をぱくぱくさせる。 「閉めて」と言うと開けた引出しを閉める。	「ぱっぱ」葉っぱ、「だっちー」大好き
14ヵ月	「手を洗うよ」と言うと流しの方に来る。「2階へ行くよ」と言うと、階段を上り始める。	「ねんね」「ばいたーっち」乾杯、「じっじ」人参、「ぱっぱ」アンパンマン、「じー、じぐ、じぬ、だー」3、2、1、go!、「ぴち、ぴち、ぴち」小鳥の歌のCDの
15ヵ月	「ママ　シーシー行くよ」と言うとトイレに行く。 「おむつ替えるからねんねして」で寝っころがる	歌詞「ピピピピピ」に合わせて歌う、「あっあ」アイアイの歌、「たっち」たぬきのこと※こぶた、たぬき、キツネ、ねこの歌に合わせて。
16ヵ月	以降、日常生活の簡単な言葉は、だいたい理解しているように思えたので記録を止めてしまいました。	
18ヵ月		「てって」手、「じっじ」ママ友のじっじを指さして、「ちっち」おしっこ・石・熱い・温かい、「ちっご」いちご、「りっご」りんご、「じっしゃ」自転車、「ぽっぽ」もっと、「おわっちゃったー」「マンマン」パパ、「じたーっち」出

月齢	理解できることば	言えることば
		発・いただきます、「チーポー、チーポー」救急車・パトカー、「ウー」消防車

赤ちゃんの発語② ゆうなちゃん（女）2010年1月生まれ

月齢	理解できることば	言えることば
9ヵ月		ダーダー、バーバー（特定のものを指してはいない）
10ヵ月	保育園で「ゆうなちゃん」と呼ばれると、たまに「はーい」と言うように。「いないいないばぁ」に手をたたいて喜ぶなど反応。	
12ヵ月	絵本に反応。「がたんごとん」「だるまさんが」など。「すごい〜」と言われると褒められていると感じているように見受けられる。	ママ、パパ、じょうず、ちょうだい（のようなことば）
16ヵ月	「ゆうなちゃん」が自分のことだとしっかり認識。 ただし、「さとしさん」（パパ）、「やすこさん」（ママ）と呼ばれても、「はーい」と手を上げる。	（うろ覚えですがこの頃）はな（鼻）、めんめ（目）、てって（手）、わんわん、にゃんにゃん
17ヵ月		3文字の言葉が出るようになる。
19ヵ月		バナナ、おちた（自分でモノを落としても落ちたと言う）
20ヵ月		あんぱんまん、うーたん（NHK教育テレビのキャラクター）
21ヵ月		あまい、おはな（花）、バイキン（バイキンマンのこと）、やだやだ、わんわんだね、おちたね等

月齢	理解できることば	言えることば
22ヵ月	言える言葉は理解もできる。加えて、下記の言葉に反応する。 ○○（りんご、みかん、バナナ、おやつ、ごはん等）食べる? ○○（アンパンマンの人形等）を置いてきて。 ねんねする? ゴミを捨ててきて。 これをパパに渡してきて。 これ何?　これ誰? 自分で体を洗ってね。	まめ（だめ）、キティちゃん、きりんさん、ぞうさん、さる等動物の名前が言える（名詞の語彙がどんどん増える） ママの、パパの、ゆうなの（など、「誰々の物」という言葉が言える） ママ来た、ブーブ（車）行っちゃった、わんわんバイバイ、ママ痛い痛い、パパトイレ、わんわん見る（わんわんの番組を見る）、わんわん見ない、水・にゅーにゅ（牛乳）、ちょーだいな等、2語文が出るようになる。 ・主語は「ゆうな（自分）、ママ、パパ、わんわん（NHKのキャラクター、もしくは犬）、アンパンマン、バイキンマン、赤ちゃん、にゃんにゃん、ブーブなど身の回りのよく触れるもの。 ・動詞・形容詞は「行っちゃった（自分が行っても、他者が行っても）、ねんね、ばいばい、食べる、要る、痛い、きれい、大きい」 ・名詞と動詞を組み合わせる

月齢	理解できることば	言えることば
		ことができるようになってきた（助詞、時制はまだ分からない） ・否定型の使い方はまだマスターしていない。「痛くない」は「痛いないない」となる（「見ない」は言える）。 ・モノやヒト、全て「誰?」と指さして聞く。 ・むすんでひらいて、かえるのうた、いとまきのうた等、よく聞く童謡を何となく歌えるようになってきた。
23ヵ月	みかん持ってきて（自分の好きな物の場所を覚え、持ってくることができる）、歯磨きする? ママトイレ行くよ（というと、先に行って扉を開ける） これとこれ、どっちがいい? これ履く? これ着る?	大きいブーブだね（道を歩いている途中でよく言う）、トイレットペーパー（長い言葉を覚えたからか、何回も言う）、アンパンマン書いて、うんちっち出た、さむない（寒くない）

赤ちゃんの発語③　たっくん（男）2010年1月生まれ

月齢	理解できることば	言えることば
9ヵ月	だめ、ごはん、たっくん、たくと、いただきます、ごちそうさまでした、バイバイ、いないいないばあ	マンマ、ママ、ばば、ウー、ハハハ（笑う）、パパ、バイバイ、んーばぁ（いないいないばあ）
10ヵ月	ちょうだい、どうぞ、おいで、どうも、いたい（「どこが痛い?」という問いかけに反応する）	まー（いただきます）、あわわわ
11ヵ月	「たっくん」と呼ぶと手をあげる、「よしよしして」というとなでる。	ばぁ（バナナ）、ブーブー（おもちゃの自動車を動かして）、あーあ（物をテーブルから落として）
12ヵ月	「ないないして」というとごみ箱へ物を入れる。 「プーさん」というとプーさんの人形を指さす。	ワンワン（犬）、ニャーニャー（猫）、ないない（ごみをごみ箱に入れる時）、いや（嫌）
13ヵ月	「ごちそうさま」というと手を合わせる。 「おっぱいがほしい?」と言うと母の洋服をめくりにくる。 「いやだ」の意味を首を振って表現する。 目、鼻、口、電気（灯）がわかる	あった（物を見つけたとき）、ついた（電灯がついた時）、いた（猫を見つけて）、パン
14ヵ月	「ばばちゃんの家に行く?」と聞くと「うん」とこっくりする。 「うんちした?」と聞くと、している時には「うん」と言う。 「お家に帰ろう」「貸して」「取って」「おふろに入る?」な	きた（猫が近寄ってきた時）、でんき（電灯）、って（取って）

月齢	理解できることば	言えることば
15ヵ月	どを理解して、意思表示(「うん」か「ううん」)をして、行動することができる。 「取って来て」というと、遠くにあるものでも取りに行って渡してくれる。 もーもー(牛)めーめー(羊)の絵を指さす。 いただきます。 おしまい(ご飯やあそびなど)。 お片付け(お片付けの歌を歌うとおもちゃをしまう)。 お散歩、お外、じゃぶじゃぶ(お風呂)へ行こう。 タッチというとハイタッチをする。 乾杯(コップを合わせて乾杯をする) どこがかゆい?(かゆいところを指さす) 「あっちへ行こう」というと「うん」とか「いや」と言う。	でんしゃ(電車)、バス(乗り物)、ブーブー(車)、いっちゃった、ぶっ(おんぶする)、ポッポー(汽車)、アンパンマン、ピ(テレビのリモコン)、っかい(もう1回と指を立てて)、やっちゃった、ください、みかん、もも、かんかんかん(踏切)、ゴー(Go!)、パッパカ(馬)、モー(牛)、ないねー、くっく(靴)、トラック、ゼリー、じじ、かんぱい、目、ごはん、タイヤ、ハロー、ぎゅうにゅう、はっぱ、ただいま、こんにちは、「ぎゅうにゅう、ないね」(2語)、ブルーベリー、ここ、あっち、こっち、おもい、じょうず、おおきい、きゅうきゅうしゃ、パトカー、ライオン、ぞうさん、どうぞ、はい(イエスの返事として)、いっぱい、しょうぼうしゃ、ボール、卵パン、おかわり、おなじ、あか、きいろ、あお、ヘリコプター、おはよう、1、2、3、4、5 ※ほとんどの言葉を復唱して

月齢	理解できることば	言えることば
18ヵ月		言うことができる。 「じじ　いないねー」「あっち　いこう」「ライオン　ワオー」「うま　パカパカ」「うし　モー」 「しんおおさかー」(新幹線を押して)、「きぼうがおか　ほいくえん」(バスを押して) 「せんせい」「だいちゃん」(写真を見て) 「じじもいっしょに」「ばばもいっしょに」「おつきさまいたねー」「おほしさまいたねー」

発語の時期は、日本人もアメリカ人も同じ

　お母さんたちの記録によると、大人にはわからない喃語期が過ぎて、言語らしい音声を発し始めたのは、どのお子さんも判で押したように月齢9ヵ月頃でした。掲載した3人の記録が、いずれも9ヵ月から始まっているのはそのためです。『アメリカの子供はどう英語を覚えるか』（シグリッド・H・塩谷著／祥伝社黄金文庫2004年刊）によると、アメリカ人の赤ちゃんも、言葉らしい音を発し始めたのは生後9ヵ月頃と記されています。赤ちゃんの発語は日本語でも英語でも、母語の発達においては違いがないことがわかりました。

最初の発語は一番多く聞いた言葉

　赤ちゃんは、最初は音を聞いているだけですが、聞こえてくる音声を聞き分けることができるようになると、発声機能も発達してきます。そして、自分の口からいろいろな音が出せることがわかると、まわりの人たちの声の真似をして、泣き声の他に、「ウーオー」、「ウンマ」、「マンマンマ」、「パッパッパ」というような、唇を合わせると出る、いろんな声を発するようになります。

　最初の発語として多いのが「ウンマ」や「パッパ」で

すが、これは、周囲の大人が聞き取りやすく、言葉と認識できる音であることに加え、母親がこの音を聞かせる回数が多いからではないかと思います。

　けれどもお母さんたちの証言によると、この最初の「パッパ」や「マンマ」が、父親や母親、あるいは食物のことだと赤ちゃんが認識しているかどうかは疑わしいと言っています。

言語獲得の最初のスイッチ

　月齢が進み、視覚が発達してまわりの状況や物の形が見えるようになると、聞こえてくる音とそれらを結びつけて、物に名前があることに気付きます。母親の出す声が物の呼称であると最初に認識するのは、一番聞く回数の多い「ウンマ」ではないかと思います。

「ウンマ」と声を発すると、おっぱいが与えられると気付いた時、言語獲得の最初のスイッチが入ります。それは泣くことが主なる意思伝達の手段だった能力に言語が加わっていく画期的な第一歩です。

　聞こえてくる音に意味があることに気付いてからは、母親や周囲の人たちが繰り返し発する音を記憶していて、物と音を結びつけられるようになります。「パパは？」

と聞くとパパのほうを見ます。「じいじは？」と聞くと
じいじ(祖父)のほうへ顔を向けます。「○○ちゃんは？」
とその子の名前を言うと、「ここですよ」と言うように
自分の鼻の上に指を当てます。取り巻く人たちは「でき
た、できた」とにこにこするので、赤ちゃんはそれがい
いことだと気付きます。認識できる言葉の数はどんどん
増えて、1歳半になると、その年齢の子の生活に必要な
単語の意味は、ほとんどわかるようになります。この時
点でお母さんたちは、「話すことはほとんどわかる」と
記録しています。

　毎日5〜6時間ずつ周囲の声を聞いたとすると、1年
半で、およそ2,700〜3,300時間。日本人が大学を卒業
するまでに英語を学習する時間とほぼ同じ時間（18頁
参照）、赤ちゃんはひたすら母語を聞いて過ごしています。

「どだん　かいて」？

　1歳半頃では、まわりの人々の声から物を識別するこ
とはできるのですが、発音の機能は未発達で、正しい発
音はまだまだできません。次女の子いくみとの会話に面
白いエピソードがあります。

　いくみが遊びに来た日のことです。台所にいる私のところへ紙と鉛筆を持ってやって来て、「どだん　かいて」と言います。何のことか理解できずに、「どだん？」と、そっくりに真似て言ってみました。すると「どうしてわからないの？」と、抗議するかのように目を見開いて私を見据え「どだん！」と、大きな声で言います。私が、

懸命にいろいろな語を思い巡らせて首をかしげていると、いくみが「ぞうさん」の歌を歌い出しました。

「『ぞうさんかいて』なの？」と聞くと、「うん」と言って、こっくりしました。私には「どだん」としか聞こえないのですが、本人は「ぞうさん」と言っているつもりなのです。「ぞうさん」と聞こえているのに、まだ同じ音を発音することはできなかったのです。

　いくみはその時、1歳11ヵ月。この年齢で、これほど言語で意思を伝えようとする能力があることを知りませんでした。

あな事件

　先に赤ちゃんが気付く、と書きましたが、恐らく同類のものが2つあると、共通性、あるいは最大公約数的な特徴に気付くことができる、と推定できます。ここに1つの例があります。

　我が家のダイニング用椅子のクッションに、たばこの灰によるような、穴があいているものがありました。隣の椅子に腰かけていたいくみの目線は大人より低いところにあります。そこが目に入ったらしく、じっと見てい

82

たと思ったら「あな」といいました。穴などという言葉
をどこで覚えたのでしょう。

「あなの　あいた　れんこんさん」という言葉遊びを
知っていますが、れんこんの穴と椅子カバーの穴との共
通点を見出すのは難しいと思われます。また、今どき穴
のあいている衣服を着せられているとは思い難いのです
が、母親に尋ねたところ、自分の靴下のつま先に穴があ
いていたので「あら、穴があいているわ」と言って、見
せたとのことでした。知っている音と2つの事例の共通

点を見出した時、言葉として明確に認識されるのだと思います。

　2歳10ヵ月になって、穴のイメージはさらに拡がりました。買ってきたポット入りのパセリを庭に置いておいたところ、早速、庭に下り立った彼女の目に留まりました。シャベルを持ってきて、「これうえる」と言います。場所を決めてやると「あなをほるの」と言って土を掘り始めたので、手伝ってパセリを植えつけました。穴を掘る作業は、自宅の庭で植物を植える母親を手伝って、一緒にやったことがあるそうです。その時、「あな」ということばを耳にして覚えていたのでしょう。

3　音の貯金

　3歳頃になると、話された言葉を一度聞いただけで、すぐになぞって言えるようになります。これは音の貯金があるからだと思われます。例えば、「うれしい」、「たのしい」、「いそがしい」など、「〜しい」という音の単語をいくつか知っていると、初めて聞いても「うつくしい」、「かなしい」、「なつかしい」も容易に真似をすることができそうです。

　音の貯金がたくさんあると、「あな事件」の「あな」のように、別々の場面で耳にした同じ音同士の共通性に気付き、その言葉の意味を広げていくことができます。最初は意味はわからなくても、たくさん聞いて音の記憶をする。赤ちゃんは、これを遊びとして、とても楽しそうにやっています。

「おべんとうばこのうた」で覚える単語の数は？

「これ[1] くらい[2] の[3] お[4] べんと[5] ばこ[6] に[7]
おにぎり[8] おにぎり ちょっと[9] つめ[10] て[11]
きざみ[12] しょうが[13] に ごま[14] しお[15] ふっ[16] て
にんじん[17] さん[18] さんしょう[19] さん、
しいたけ[20] さん、ごぼう[21] さん、
あな[22] の あい[23] た[24] れんこん[25] さん、
すじ[26] の とおっ[27] た ふーき[28]」

　この手遊び付きの言葉遊び（英語で言うチャントのような歌）は、我が家にいくみが遊びに来た食事の際に、歌詞に出てくるものを食べる都度、一緒にはやしたてるので、「あな」という音は、いくみの頭の中に、しっかりと記憶されていたと思われます。この遊び一つで、助詞を含めて28種類の単語の音に出合い、記憶されてい

るはずです。

　2歳近くになると、ちょうを見つけると「ちょうちょう」の歌、チューリップを見ると「チューリップ」の歌、かえるの絵を見ると「かえる の うた」、もちろん、ぞうの絵を見つけると、「ぞうさん」の歌を歌います。動物園で本物の「ぞうさん」も見たそうです。2歳で歌っていた、それぞれの歌の単語数はざっと次の通りです。

　　ぞうさん…………………………… 10個

　　チューリップ……………………… 15個

　　ねんねんころりよ………………… 　8個

　　あたま かた ひざ ぽん…………… 　8個

　　おおきな くりの きの したで …… 13個

　　パンダ、きつね、コアラ………… 　3個

　　かえる の うた（合唱）………… 10個

　　ちょうちょう……………… 8個（後半は歌えない）

　　むすんで、ひらいて……………… 10個

〈以上だけで計80個（助詞も入れて）〉

　他にアルファベットの歌も歌っていて、これはＡＢＣからＺまで26個です。

　歌の出所は、母親が歌って聞かせる歌、テレビの朝ドラや幼児番組を見て覚える歌、手持ちのＣＤやＤＶＤか

ら覚えた歌、その他に児童館や音楽教室で歌う歌。図書館から自分で選んで借りてきた絵本の中にはCD付きの大人の歌の絵本もあります。「あかい　てぬぐい、マフラーにして……」と、幼い子が歌い出すので、可笑しくてこっそり笑ってしまいました。

　しかし、必ずしも歌に出てくる言葉の意味を全部わかって歌っているわけではないと思います。幼児の「意味がわからない音」を記憶する能力は脅威的です。
「夏も近づく八十八夜……あかねだすきにすげのかさ」
「いちれつらんぱんはれつして……」などと、私も子どもの頃に、遊びの中で意味も知らずに聞こえたまま覚えた歌はたくさんあります。歌ならば、丸呑み込みで覚えられたのが不思議です。一日中遊んでいられる幼児期には時間がたっぷりありますから、同じCDやDVDを飽きずに何度も見たり、聞いたりできます。

赤ちゃんは繰り返しが好き──実は学習中？

　赤ちゃんは、ベビー用のくるくる回るきれいな色の、オルゴール付きのメリーゴーランドをかけると、泣き止んでじっと見ています。止まるとまた泣き始めます。回すと泣き止みます。動作の繰り返しも喜びます。代表的

な最初の繰り返しの遊びが「いないいないばあ」です。英語では、

　　Peekaboo　ピーカ・ブー（米語）

　　Bo-peep　ボウ・ピープ（英語）

　　です。

　子どもは繰り返すことによって、すべてのことを本能的に学習しているのではないかと思います。それが子どもにとっての楽しさである限り繰り返すことができます。

　体をゆすってあげると、もっとやってと、自分が体をゆすって催促します。言葉は言えなくても、ボディランゲージができるのです。それから、赤ちゃんの凝視行動（学術用語では注視という）も実は見ることを繰り返しているのであって、連続的に見るので、凝視と表現されているのだと思います。7～8ヵ月頃には見慣れない人に人見知りをして顔をそむけて泣きます。それでもその人の顔を見ようとして、おそるおそるまた見ます。繰り返し見ているうちに泣くのを止めます。「危険な人ではないらしい」と、学習したからです。

言語も繰り返しで覚える

　言語の習得も繰り返すことで自分のものにしていきま

す。お気に入りの言葉を見つけると、それを幾度も使ってみます。長女の子が2歳の誕生日を迎えた時、"Happy Birthday（ハッピー・バースデー）"の歌を17回連続して歌ったところで、大人が根負けして「もう終わり」と言ったことがありました。乞われるままに一緒に歌っていたら、幾度で気が済んだのだろうと、今は止めたことが悔やまれます。

「これなんだ？」

いくみは、新しく覚えたばかりの言葉を繰り返し使います。ある時は、「これなんだ？」というフレーズを、リズムをつけて何度も繰り返していました。テレビの幼児番組に出てきた言葉だそうです。大人はそれに喜んで、「はさみ」、「えんぴつ」、「パンダ」などと、飽きもせず答えてあげます。問いかけているいくみに質問をしている自覚があるかどうかは疑問です。初めは、大人が「これなんだ？」と、問いかけても答えてくれませんが、お互いに「これなんだ？」と言い合っているうちに、問いかけの言葉だと気付くのだと思います。新しく覚えた言葉を言うのはこの時期の子どもにとって嬉しいことのようです。

「だめ、はちじゅうえんです」

　他にも、特に買い物ごっこをしているのではない時に、「はちじゅうえんです」を独り言のように言います。「はちじゅうえん」という音の響きを楽しんでいるのでしょうか。母親によると、買い物に連れて行った時にレジで聞いた言葉の真似だろうということです。

　ままごとで本屋さんの売り子の役をやらされたので「90円です」と言って絵本を渡すと、「だめ、は・ち・じゅ・う・え・んです」と言い換えを要求されました。80円と90円の違いは音の違いであって、値段としての違いはまだわからないと思います。

　売り子と客の役は交互にやらされて、自分が売り子の時には、「カードをください」と言って、受け取る真似をしてから、空中でカードをセンサーに通す動作の真似をします。何もない空間にレジを想像で見ることができるのです。音も物の形も事象も、どんどん脳に蓄積されていくのでしょう。何かをやっては親指を立てて「かんぺき！」と言って、独りでにこにこしていることもあります。

　『てぶくろ』の絵本（福音館書店）を読み終わると、「（落とした手袋が）見つかってよかったね」と言います。

「古いクレヨンがあったわ」と言うと、「なつかしいわね」と言います。少し変ですが、「古い」と「なつかしい」という音を一緒に聞いたことがあるのかも知れません。

「スケッチブックがあるから絵がかけるわね」と言うと、「たのしみね」と。

　どこで音を拾って使っているのか、油断もすきもありません。もう、3歳の誕生日を過ぎると言葉の出所を突き止めるのは難しくなりました。

言葉の法則も耳から

　買い物から帰ってくると玄関へ迎えに出てきて、

「おかえり、スーパーへいったの？」と聞くので、

「そう、スーパーへ行ってきたの」と答えると、

「スーパーへいってきたの？」と聞き返し、

「いくみちゃんもいきたかったのに」と言います。

　こんなやりとりからも、子どもは耳にしたたくさんの単語や言い回しから、言葉には法則があることに自分で気付くと考えられます。子どもは小学校に入学して日本語の文法を教えられる前に、すべての文法を駆使して会話ができるような、豊富な語彙と文型を既に獲得しているのです。

３歳児のおしゃべり──発語から２年が過ぎて

（いくみがおもちゃ箱を覗いてシールを探している）

　いくみ：シールをばばのうちへおいてったきがするん
　　　　　だけど。

（絵本の間から探していたシールが出てくると）

　いくみ：あ、シールここにあった。
　　　　　わたしさあ、シールさがしたけど、なくって
　　　　　さあ、こまってたの（自分のことを「いくみ
　　　　　ちゃん」ではなく「わたし」と言うようになっ
　　　　　た）。

　ば　ば：３時になったらおやつの時間ね。時計の長い
　　　　　針がまっすぐこんなふうに縦になったら３時
　　　　　ね（腕を針にして説明する）。

　いくみ：とけいをみているね。
　　　　　あ、おうちがくらくなった、なんでだろう。

　ば　ば：お日さまが木の後ろに隠れたからよ。

（無言で聞いている）

　いくみ：あ、もうすこしでなりそう……。
　　　　　とけいさん、がんばって！
　　　　　（大きな声で）
　　　　　あ、なった！　じじ、３じですよ。

（流しのカウンター上で）

じ　じ：もう用意をしてますよ。

いくみ：ありがとうございまーす。

　　　　あ、アイスクリーム。

　　　　むこう（食卓の上）でわけたほうがいいとお

　　　　もうよ、むこうでわけてもいいかしら？

　　　　チョコレートとそのつぎはしろいのがいい。

じ　じ：しろいの？　バニラも両方ほしいの？

いくみ：しろいの。バニラもりょうほうほしい。

　　　　じじ、それおおすぎない？

　　　　まだあるからたべなさいよ。

じ　じ：大丈夫だよ、冷たいからゆっくり食べてるの。

いくみ：つめたくてきもちがいい。

　　　　こんどはなにをたべるの？

ば　ば：え？　もっと食べたいの？

いくみ：うん。

ば　ば：ビスケット食べる？　マリーがあるわよ。

いくみ：マリーって、クリームがはさんであるやつ？

ば　ば：クリームがはさんであるのはビスコよ。

いくみ：じゃあ、ビスコがいい。

言葉らしい音声を発し始めてから2年経過すると、以

上のような会話ができるようになりました。

　彼女の生活圏内で起こる事象に関しては、ほとんど理解しているように思います。わからない時は、わかろうと努力しているようにじっと聞いているので、別な単語に置き換えて話してみたりしますが、「わかった」とも「わからない」とも言いません。この時、音声が記憶され、音の貯金がされるのだろうと思います。

4　赤ちゃんは暗号を解いている

　赤ちゃんは誕生した直後から周囲で話される言葉の音を何度も何度も聞いて、記憶されている音の中に自分にとって意味を持つ音を発見していきます。最初に「ウンマ」という音がおっぱいの意味だと気付いた時から、暗号を解くように言葉を獲得し始めます。第2言語、第3言語を習得しようとする大人にとってもこの方法は、すべての言語習得の普遍的な方法なのだと思います。

　教科書とネイティヴの先生を頼りに学習しても成果が上がらなかった外国語習得を文字も見ないで音を聞くだけで習得したクラーク先生の例があります。

グレゴリー・クラーク氏の中国語習得体験

　2013年現在、多摩大学名誉学長であるグレゴリー・ク
ラーク氏は、かつて外交官で、母語の英語以外に日本語、
中国語、ロシア語を話します。そのクラーク氏が中国語
を覚えた時の経験を自著で次のように語っています。

　その当時、私は香港に住んでいて、中国語の学習に
苦労していました。私にとって、中国語はとてもむずか
しい言葉でした。というのも、それまで私はもっぱ
ら教科書と先生ばかりを頼りにしてきたからです。日
本人が英語を学ぶときに悩むのと同じさまざまな問題
で、私も苦しんでいました。〈中略〉私の中国語習得
の歩みは、まことに遅々としたものでした。そして、
そのうちに偶然といってもいいきっかけから、私は『暗
号解読』のテクニックを発見したのです。〈中略〉あ
る日、私は本国の外務省からちょっとむずかしい仕事
を与えられました。一九六〇年代の初め、世界がまた
ひとつ、政治危機を迎えたときのことです。北京放送
が何か重要な公式声明を発表することになりました。
私の任務は、その放送をテープに録音して、内容につ
いてできるだけ速やかにレポートを提出することでし
た。

その当時、私の中国語はまだ大したことはなかったのです。声明を理解するのは、容易なことではありません。しかも、その助けとなるテキストもありません。北京語で使われる用語や表現には、それまで聞いたこともないようなものがたくさんありました。テープから流れる音声以外頼るものは何もありません。

　何時間もテープレコーダーの横に座っては、その音声の意味を理解しようとしました。その音声が何であるかを確認するだけでも、何度も何度も、テープを聴き返さねばならなかったのです。それが分かると、こんどは辞書を引いて意味を探さなければなりません。

　しかし、<u>ただ懸命に聴くことに集中するほかなかったということ、またどうしても意味をつかみたくて夢中だったということ</u>、まさにそのことゆえに、私はそのとき耳にしたことが以前に聴いた何にもまして、はるかに深く自分の記憶のなかに浸透していくことを発見したのです。〈中略〉そうして覚えた言葉は会話でもすらすらと使えました。私はついに、中国語学習の壁を突破する方法を見つけたのです。　　　※下線著者

（『グレゴリー・クラーク先生の「暗号解読法」があなたの英語に奇跡をおこす！』グレゴリー・クラーク著／平野勇夫訳／

| 同文書院1993年刊／22〜25頁より）

「聞くしか方法がなかったこと」、「どうしても意味を知りたかったこと」の2つの理由で、暗号のような中国語の音と意味を解明することができたのです。赤ちゃんの場合も「生きるための本能として、どうしても覚えなければならない」それには「聞くしか方法がない」、という原理で言語を獲得していきます。赤ちゃんは辞書は使いませんが、言語が使われている状況から意味を解読していきます。話されている音をじっと聞き、赤ちゃんも暗号を解くように言語を獲得しているのではないかと思います。子どもの言語獲得の研究が今後進んで、理論的な法則が解明されるとしても、赤ちゃんはやっぱり自力で暗号を解くように言語を覚えていくと思います。

韓国語の母語獲得的な体験

　自分の母語獲得体験を記憶している人はいません。赤ちゃんが母語を覚える過程を観察していると、私が録音テープを聞くことで、韓国語習得に挑戦した時と似ていることがわかりました。

　私が所属していた言語教育グループは英語で物語を聞くという活動を取り入れてから、英語以外の外国語の物

語教材も制作し始めました。大人が赤ちゃんの母語獲得のように、文字が読めない、意味もわからない言語を、音を聞くだけで習得してみようという試みでした。「勉強したい人は各自でやってみてください」、という提案で、特に指導をしてくれる人はいませんでした。スペイン語とフランス語の教材もありましたが、韓国語を選んだのは、英語はまっさらな状態で始めることはできませんし、欧米の言語は学習したこともあり、音も文字も英語から推測でき、もしくはすでに相当数の単語が日本語化されている現在では白紙からの挑戦というわけにいきません。韓国語は、食べ物の名前をいくつか知っている程度で、文字の音も意味も全くわからず、ちんぷんかんぷんです。消去法で韓国語が残ったのですが、お隣の国の言葉ということもあり、知識ゼロからの習得を試みる言語としては親しみが持てました。

音のキャッチはオセロゲームのように進む

　韓国語学習の第一歩は、韓国語で語られた物語テープを聞いてみることから始めました。しかし、日本語訳が対になっていて、意味はわかるので全くの白紙からというわけではありません。これは赤ちゃんがその場の状況

から言語の意味を判断していることを考えれば、同じ条件だと思います。

　文字は見ても読めないので音だけが頼りです。10回程聞くと、区切りごとに「……スミダ」という音が出てくるので「文末は『スミダ』と言うらしい」と、推則できました。30回程聞くと、短い文は真似ることができるようになりました。さらに聞いて50回程になると、意味がわからない音なのに口から短いフレーズが飛び出してきて、「これはどんな意味だろう?」と、日本語訳と照らし合わせながら単語や文が言えるようになってきました。少し長い文の場合、文頭と文末は言えますが、全文をなぞることはなかなかできません。それでも聞き続けていると、徐々に文頭と文末のキャッチできる部分が伸びてきて、やがて文の真ん中でドッキングします。オセロゲームのようだな、と思います。言える単語が自分の色の駒だとすると、初めは点だった領分が点と点にはさまれると線になり、さらに点と線を増やしていくとぱっと拡大して面になる。先に紹介した赤ちゃんの発語の記録表(69 〜 77頁参照)を見ると、お母さんの肉声を聞く赤ちゃんも同じように、発語のし始めは語頭だけ、語尾だけをまねっこしている時期があります。

初期の発音は間違いだらけ

　韓国語はフランス語のように、語尾が次の音にくっついて発音されるので聞き取りにくく、単語１つがどうしても言えないということがしばしばありましたが、それでも繰り返し聞いていると、一応音をなぞることができるようになりました。しかし、学習が進み、文字と音の照合ができるようになると、文末の「スミダ」が、実は「スムニダ」だとわかり、「速く」という単語は「パリ」と聞こえていたのに、正しくは「パルリ」でした。発音の間違いはたくさんありました。言語を覚え始める時に発音が正確にできない期間があるのは、年齢や言語の種類に関係なく、共通しているように思います。

大人も繰り返しが好き

　赤ちゃんは、“「わたしは」は初めに言うのだ”、などと考えはしないと思いますが、まわりで聞こえる言葉が「わたしは」から話し始めることに気付いて真似をします。そして、「わたしは」が言えたことを褒められると、「わたしは」を連発します。

　同じようなことが韓国語の大人の学習者にも起こりました。学習者の仲間うちで、「大丈夫」の意味の「ケン

チャナ」という音が面白くて大はやりしました。大人も
気に入った言葉を見つけると、何度も言ってみたくなり
ます。この「ケンチャナ」も、文字が読めるようになっ
てから正しくは「クェンチャナ」だとわかりました。

　大人にも物語を聞く以上に歌を歌うことが大変役立ち
ました。意味不明の音があったり、調べても覚えられな
かったり、聞き取りにくいところはごまかして歌ったり
することもありますが、ある時、その音の意味がわかる
瞬間がやって来ます。音を知っている単語は、意味も即
座に脳に定着させることができます。

文法は帰納的に習得できる

　音が聞き取れるようになると、次に文の構成がわかる
ようになりました。例えば、「私はソウル大学の学生です」
という文では、文頭に「私は」と主語があり、「ソウル大学」
と「学生」は並んでいて、「です」は文の終わりにある、
といったことがわかってきて、「語の並び方は日本語と
似ている」と気付きます。同じような語の並び方の文例
に２例出合うと、間違いないと確信できます。

　この頃から文字にも関心を持ち始め、「私は」の「ナ
ヌン」はこのように書くのだと、改めてハングルを眺め

てみたりします。子どもが文字に興味を示すようになるのと同じです。

　これを、逆に文字の意味を一つ一つ調べ、「ナ」は「私」、「ヌン」は「主語を表す助詞」、合わせて「私は」という主語になる、と、文字と文法と発音と意味を覚えてから文を言おうとすると、先に文字と文法が思い浮かんで、すぐには声に出せません。

　30年も前のことですが、早稲田大学の日本語教育研究センターで留学生に日本語を教えている方に次のようなお話を伺ったことがあります。

「『˙私˙は』を主語といいます』と説明すると、主語という単語を余計に覚えなければなりません。文法の説明をしながら教えると、説明すればするほど、留学生はわからなくなるのです。ですから最近は文そのままを説明なしで覚えてもらうことにしています」

　この方法は幼児の母語の覚え方と全く同じです。

　外国語を学習する人が、「この活用形は˙半˙過˙去といって……」と、文法用語は説明できるのに、文をすらすら言えないケースはよくあります。文法の説明ができなくても、「私はあなたと一緒に映画を見に行きたいです」と言えるほうが、会話をする時には役に立ちます。日本

人には文法から入る外国語学習法が頭にしみ込んでいますが、とにかく音を聞いて真似て言えるように英語を第一義に話すための言語として捉えなおす必要があります。

使ってこそ言語

　さて、先生を持たず、音源教材と、何冊かの文法書を参考に、気付いた知識を仲間と交換しながら勉強してきた私の韓国語は、単語の意味を電子辞書で飛び飛びに調べながらではありますが、発音して読解することはできます。しかしながら聞くことは難しく、テレビの韓流ドラマの台詞の理解度から推測すると、３歳の幼児に及ばないかも知れません。そこでしばらく休止していた韓国語の学習を再開し、今は定期的に韓国の方と話す時間を持ち、実践を重ねているところです。耳元に録音教材で聞いた音が聞こえてくるような言葉はすぐに発語ができます。また指導をしてくださる先生から聞き覚えのある単語を聞いた途端に、自分の脳から意味が湧き出してくるのを感じます。これは初めてアメリカで英語を話した時にも感じた経験で、言語は貯め込んでいるだけではなく、実際に言語として機能させた経験を積むことによって、必要な時に本来の機能を発揮できるのだと痛感して

います。

「独学で勉強してきた人は文法はできても、聞くこと、話すことはほとんどできない人が多い」と、最初は先生に警戒されたのですが、学習時間を10時間終えた段階での評価は「よく聞ける、話すことができる、発音も良い」というものでした。半分はテキストを使った文法の学習ですが、10時間で私が使ったのは私が知っている韓国語の語彙の5％程度のような気がします。残り、95％の語彙は、テキストで教えられた内容を書くテストを受けたとしたら成果に反映されないことになります。文字からの学習で会話力を身に付けるのは至難の業ですが、歌を聞くように同じ音を何度も聞いて口ずさんでいると、自然に記憶され、何語でも何歳になっても成果に希望が持てます。

第3章　幼児と英語

1 幼児には音を吸収する本能が備わっている

いくみが1歳半になると、名の知れた教育教材会社から英語教材の見本が送られてきました。住所等をどこで入手したのかは不明です。この月齢の赤ちゃんに教育教材や英語教材の見本が送られてくるのはよく聞く話です。それは歌と、身近な物の絵カードに英語の発音が付いたDVDでした。子どもが面白いと感じる音があるらしく、たちまち、「イヤイヤオー」と音を真似て歌い始めました。試みに市販の英語の歌のDVDとCD（私も興味があったので）を取り寄せて与えてみたところ、DVDを繰り返し見て、時々はCDのほうも聞いて、絵本をめくりながら音に合わせて歌うことができるようになりました。

DVDとCDで3歳までに40曲

いくみは、毎週月曜日に母親と一緒に我が家へ遊びに来ることになっています。その時、お気に入りのDVDやCDをリュックに入れて持って来て、自分でデッキにかけて絵本をめくりながら英語の歌を歌います。音が鳴

り終わってからも気に入ったフレーズを時々口ずさんでいます。これは母親が買い与えた絵本で日本語の歌を覚えた時と同じです。ただし、日本語の場合は母親が歌うことができるので、DVDやCDがなくても母親の肉声を聞いて覚えることができます。

　英語の歌を、3歳までにCDに合わせて40曲歌うことができるようになりました。と言っても1曲ほぼ完全にそれらしく歌える歌と、英語らしく聞こえるのは一部分だけで、あとは何となくわかる程度にしか歌えない歌もあります。DVDを見て振り付けを覚えた歌は、次にはCDを聞きながら、飛び上がったり、走ったり、回ったり、押す動作をしたり、泳ぐ真似をしたりと、さまざまな動作をしながら歌っています。

　私はもっぱら見ている役で、一緒に歌うと「やめて、やめて、じぶんで。ストップ！」と言って制止され、一緒に歌われるのは嫌なようです。自分がしていることを「見て！　見て！」と要求して見てもらい、「よくできた」と褒められると、何度も「見て、見て」を繰り返し、CDをかけて動作をして見せてくれます。「同じことの繰り返しを喜び、飽きない」、「誰かに見てもらって、褒められるのを喜ぶ」のは幼児の特徴的な性質ですが、夢

を持ち続け、へこたれずに生きられる人は、この幼児性
を持続しているのかも知れません。

　大人になっても褒められるのは嬉しいことです。何か
をやり終えて、「自分を褒めたい」気持ちが湧いてくる
ようになると、「頑張り」の継続ができます。

NHK・Eテレ「えいごであそぼ」

　その他、いくみはNHKの幼児番組を月曜日から金曜
日まで毎日見ています。番組の中に「えいごであそぼ」
というコーナーがあり、自然に英語番組も見ることにな
ります。朝8時頃からと、夕方5時頃からの再放送があ
ります。

　番組の始まりには、これから何をするのかが動画に
添って、繰り返し英語で話されます。外国人のお兄さん
が日本人の幼児数人と英語で話しながら遊ぶコーナーも
あり、登場する幼児たちが外国人講師と友達のように遊
んで一緒に歌を歌います。日本語の説明が少し入ります
が、英語が95％くらいの放送です。アニメや、絵やぬ
いぐるみの動画によって状況が示されるので、日本語訳
がなくても理解できていると思います。幼児はじっと見
ていて、状況を観察する感覚が鋭いのです。同じ文やフ

レーズが10回は使われるので、5日間続けて見ると、1週間で50〜60回は聞くことになります。

　最後に外国人のお姉さんが歌とチャントを再び聞かせてくれて終わります。4〜5週間、断続的に同じ歌が歌われます。子どもの場合はすぐにとぎれとぎれに、ちゃんと歌っているような顔をして歌い始め、不完全ではありますが3〜4回でテレビのお姉さんと同じ速さで歌えるようになります（一緒に見ている母親は同じ速さで歌うには、もっと時間がかかると言っています）。この幼児のための英語番組はお勧めです。10分間なので幼児には適当な長さです。毎日見ることができ、同じ言葉を繰り返し聞くことができ、見ていて面白いらしく、飽きずに見ています。

　大人は、文字を見ていると、「do」が抜けたとか複数の「s」が気になっているうちに字余りになってついていけなくなりますが、幼児は文法も何もわからないまま、CD類も喜んで聞き、大人よりも早く覚えてそれらしく歌ってしまいます。意味がわからなくても一向に気にしません。本能的に何でも吸収する能力が備わっているのだと思います。

2 2つ目の言語習得は早いほどいい？

　子どもの第2言語（2つ目の言語）習得についての研究は、歴史が始まってからまだ日が浅く、今も多様な観察を通して研究中のテーマであるようです。その中で、現段階において多くの言語学者が認める次のような定説があることがわかりました。

　　子供のうちに第2言語を学習させると、素晴らしい成果があるのを我々は知っている。このことから、「臨界期」中の子供による第2言語獲得は第1言語（母語：著者注）獲得と同じ成功を収めるのだという考えを多くの研究者に植え付けた。しかし獲得が成功するのは、ほとんどが自然な状況で行われた場合であり、ことば教室のような不自然な状況においてではない。
　（『子供は言語をどう獲得するのか』スーザンH.フォスター＝コーエン著／今井邦彦訳／岩波書店2001年刊／213頁より）

　そして、13歳を超えるまで母語獲得の機会がなかった少女の例や、健聴であって手話を知らない両親の聾の子どもの例などを挙げて以下のように示唆しています。

　　こうした子供たちがやっと手話に接触するころには

（接触できればのはなしだが）、「臨界期」を過ぎていることが多い。言語との接触が遅れた影響は長く尾を引き、彼らには真の言語を獲得する機会が失われてしまうのである。

（『子供は言語をどう獲得するのか』スーザンH.フォスター＝コーエン著／今井邦彦訳／岩波書店2001年刊／130頁より）

このことから、言葉を入力するための適切な年齢を通り越すと、たとえ母語であっても、言葉の獲得が徐々に困難になっていくということがわかります。

「臨界期」を過ぎたらもう遅い？

第2言語の習得も「臨界期」を過ぎたら習得が徐々に困難になるのか、そうとしたら、中学生から英語を教え始めるのは困難を伴うのは目に見えていたということになります。ただし、その場合には英語教室での教え方のほうが良いという観察もあります。「子どものうちに第2言語を教えると、素晴らしい成果がある」ということについては、年少の子はいろいろなことに注意を向ける必要がないので言語の習得も楽なのだ、という理由を挙げる研究者もいます。1日中遊んでいることができる低年齢の頃に、自然に近い形で、第2言語に触れることが

できるならば英語習得も楽にできるというわけです。

　日本国内において、子どもにかなり自然に近い形で第2言語に触れることができる環境を用意するとしたら、現代では、テレビで幼児英語番組を見たり、DVDやCDで英語の物語や歌を聞かせたりすることだと思います。私たちの実践でもそのような方法で早くから英語に触れた子のほうが英語の聞き取りも、リピートも容易にできたのは第2言語の「臨界期」内にあったということなのでしょう。

　第2言語の場合には母語のように不可能ということではありませんが、年齢が上がるとやるべきことが多くなり、言語習得のために集中できる時間が減少するのは確かです。

外国語教育は、早く始めれば良いというものではない

　我が子を英語（最近は英語とは限らない）の達人にしたいと、生まれた時から英語を聞かせようとするお母さんがいます。しかしそれでは、英語が母語になってしまい、日本語が話せない外国人のようになってしまいます。日本の文化を背負い、日本人として育てたいならば、まずは母語である日本語の理解を優先させなければなりま

せん。言語は話す以前に考えるためにも使います。考えるための言語はやはり最初に獲得した母語です。英語を話す時は、母語によって言いたい内容を思い浮かべ、一瞬で英語に置き換えて英語を話します。母語で話したいことが思い浮かばないと英語で話すこともできません。英語で考えられる人は英語が母語同然にできる人だと思います。母語が確立する前に、第2言語に接する機会のほうが多い場合には、母語の量と逆転する可能性があります。

　一つの例ですが、8歳でアメリカに留学した津田梅子は11年間滞在して19歳で日本に帰ってきた時には、両親に対しても日本語で話すことができなかったそうです。第2言語の習得は、臨界期を過ぎてからでもできるという例ですが、母語であっても必要の無い言語は消えていく例でもあります。梅子の母語による理解力は8歳までに止まり、その後は直接英語で理解していったものと推量できます。外国語教育は早くから始めたほうが良い、というのは、音の習得に敏感な年齢のうちにということです。英語を第2言語と位置付け、日本人として育てるのならば、まずは母語である日本語を優先させ、その子が母語を話し始めてから、楽しんでテレビや

DVD、CDなどで英語に触れることができるならば大変
有効だと思います。

低年齢児の英語教育は日本語の発達を妨げるか

　3歳頃までは日本語か英語か（他の外国語を交ぜたと
しても）わからずに覚えてしまいます。けれども日本に
住み、日本語を話す両親の場合には圧倒的に日本語を聞
く時間のほうが長いので、日本語の領域を侵されること
はまずありません。

　低年齢からの英語教育に関して母語獲得への影響を懸
念する議論がありますが、むしろ日本語の獲得を妨げる
程、大量の英語を聞かせることのほうが難しいと思いま
す。いくみの場合は日本語の中に、気ままに時々英語を
口ずさんだりしていますが、4歳近くになると、運用で
きる大量の母語に比べて、わかる英語の量は微々たるも
のです。

3　幼児にとっての英語とは？

　最初のうちは日本語と英語を区別なく聞いていても、
周囲の人と話す日本語と、テレビやDVDに出てくる「え

　「いご」の音がそのうち幼児の頭の中でどのような関係になるのか、という疑問が起こります。幼児に対して、「えいごは大きくなってから外国の人とお話しできるから覚えるのよ」、という説明は理解を超えていると思いますし、自分が話しているのが日本語という名の言語であることも理解してはいません。

　ある日、「いっしょに　えいごで　あそぼうよ！」と、いくみに手を引かれた時、この難問が解けました。「えいごで　あそぶ」というのはCDをかけて、自分が歌ったり踊ったりするのを見てもらうだけですが、一緒に遊んでいることになるようです。

　幼児の心の中に、英語が遊びに使う符号のような位置付けで存在できれば、その後も混乱することなく、英語で遊んでいくことができます。

英語は遊びに使う符号

　もしも、英語しか話せない友達がいて、その子と遊ぶのが楽しい時には、遊びの符号として、英語を覚えようとするでしょう。母語も多くは「遊び」によって友達同士が真似っこをすることで、話し言葉を覚えていきます。友達とよく遊ぶ子は言葉の種類が豊富です。

まわりの人と話す日本語に対して出番の少ない英語という言語関係が続くと、せっかく柔らかい耳で覚えた英語も、覚えておく必然性もなく、興味は確実に薄れていきます。

　自然に覚えた話し言葉はおかしいところがあるかも知れませんが、日本語の正しい使い方は読み書きを含めて、学校教育によって教授される機会があります。日本語は学齢期までに、聞くこと、話すことは日常の生活に不自由のない程度にできるようになっていて、その上での読み、書きの教育です。

　英語の場合も日本語と同じような手順を踏んで教育されるのが教育成功の鍵だと思います。

間違いをいちいち正さない

　前述したように、赤ちゃんは、聞いて真似をして、生活に必要な母語は、１歳半で、ほぼ理解できるようになります。でも、言える言葉はその10分の１程度で、発音も正確ではありません。お母さんたちの記録を読むと、実にさまざまな面白い発音で話し始めます。日本語ならば、面白いと笑って済ませるのに英語の間違いとなると、教える立場の人や英語を知っている大人は、子どもの学

習者に対しても発音を直そうとしてしまいます。

　言語を覚え始める時、発音が正確にできない期間があるのは、アメリカの赤ちゃんも同じ。年齢や言語の種類に関係なく、共通しているように思います。これは言語を習得する際に必ずと言ってもいいくらい起こる現象です。低年齢時に英語の音を貯め込んでおくのは非常に効果的です。幼児の英語教育は「英語で遊ぶ」時間が継続できれば、成功していると言えます。正しく言えるか、言えないか、ということはあまり気にせず、見守ることが大切です。

幼稚園の送り迎えの車の中で聞いた物語

　グロウバル言語文化研究会を創立して最初にしなければならなかったのが教材を作ることでした。子どもたちが飽きずに聞くことができて、指導し易い教材を指導者たち自身で作りたいというのがこの会を作る動機でもありました。それが次に紹介する幼児向けの絵本です。いくみは英語による物語をやっと聞き始めたところですが、歌ではなく物語テープを聞いて丸ごと覚えてしまったH君の例を紹介します。

　"Little Squirrel's Birthday(『こりすのたんじょうび』)"

（グロウバル言語文化研究会刊）はB5判、横開き15ページの、英語と日本語による物語絵本です。日本語と英語が対になって録音されているテープ（現在はCD）が付いています。日本語、英語を合わせて、約13分の物語です。H君はそれを3ヵ月くらいで言えるようになりました。指導したY先生は次のように話しています。

　　H君が会員になったのは、幼稚園の年長さんになった昨年の6月です。教室に通って来るようになってから1年過ぎたところで、現在小学校1年生の暇さえあれば走り回って遊んでいる元気な子です。最近、H君が自分で吹き込んだ"Little Squirrel's Birthday"と"Dr. Foolabula's Wonderland（『フーラブラはかせのおもしろランド』）"（"Little Squirrel's Birthday"と背中合わせで1冊に製本されているお話：著者注）を聞かせてもらいました。日本語も、英語も、テープの音そっくりです。英語の母音も子音も、録音されているネイティヴスピーカーの発音と全く変わらないのです。始めた頃のクラスでABC……の読み方を教える時やカード遊びで英語の単語を読む時、［f］や［v］や［th］の発音は口の形が日本語と違うことを教えました。テープの音に合わせて一緒に少しずつ言ってみたり、一人

一人が自分の言えるところを言ってみたり、他の英語による絵本の読み聞かせもやりました。しかし、Ｈ君の発音、イントネーション及び英語感覚はほとんどテープを聞くことから得られたものだと思います。聞くと言っても、テープは車に入れたままで、幼稚園の送り迎え、その他車でどこかへ行く時だけ、親子で一緒にテープを聞いていたということです。約10ヵ月間毎日（土日は除いて）同じ物語を聞いていたことになります。初めは『フーラブラ』を取り上げていたので『こりすのたんじょうび』を始めたのは今年（1992年：著者注）の１月になってからです。今は４月になったので、ほとんど３ヵ月間で言えるようになったということです。

"Little Squirrel's Birthday" という物語は単語数は約280語、文法の用語で説明すると人称代名詞、指示代名詞、be動詞、動詞の現在形、過去形、未来文、否定文、命令文、疑問文、使役、不定詞、比較級、進行形、動名詞、there is, there are, 疑問詞のある疑問文がほとんど網羅されています。

"Dr. Foolabula's Wonderland（『フーラブラはかせのおもしろランド』）" という絵本は多言語によるお話で、

６つの国をめぐる冒険物語は日本語とそれぞれの国の言語（英、仏、独、西、中、韓）で語られています。プロローグ（導入部）と、「あべこべの国」と、エピローグ（最終章）の英語を話す国の部分を入れると、受動態、it thatの構文、助動詞（do, may, can, must, will, shall）も入っています。現在完了形のhave been（行ったことがある）とhave gone（行ってしまってもういない）の違いがわかるように両方使われています。どちらも４、５歳の子が聞いて理解ができる内容の日本語が対になって聞けるようになっています。

　実社会の会話は教科書のように文法的、段階的には進まず、物語のように発展していくものです。仮定法の言い方は中学２年生に習うまで話すことができない、という教え方は言語を使う上では不便です。母語獲得と同じように、英語もこれだけの言い方を知っていたら、同じ場面に出合った時、すぐに言えるようになると思います。

　脈絡のない単語や文は覚えてもすぐに忘れてしまいます。

　Ｈ君は赤ちゃんが母語を聞くように、じっと聞いて貯め込んでいた英語を一気に出し始めたのでした。絵本をめくりながら、読むというより、文字をヒントにして、

多言語絵本のほうも全部言えたそうです。きっと先生と一緒に物語を使って、「英語で遊ぶ」のが楽しかったのだろうと思います。幼児は「お話」も大好きなので、気に入ると何度でも聞きたがります。H君はお母さんと一緒に上手に聞く時間を持てた例です。残念ながらH君が大人になるまでの言語力を追跡していくことは叶わなかったそうです。

　上記の絵本は出版した1990年に、丸善書店の「世界傑作絵本展」に出品されました。経費節約のため2冊分を背中合わせに製本した珍しい絵本で、今も使っています。

英語の発音をカタカナで書いてもいい？

　この絵本の英語物語を聞き始めて半年もすると、「聞けた！」と言って、カタカナで読み方を書く子どもたちがたくさん出てきました。小学生（5年生）が"Little Squirrel's Birthday"を聞いて英語部分を丸ごとカタカナで書き取った例が出された時、それが「いいことかどうか」について、指導者たちで話し合いが持たれました。結論は"She made it！（良くやったね！）"でした。理由は音を書き取るために、その子は相当回数の英語部分を

聞かなければならなかったはず、という見解で一致した
からです。それに、書き取ったカナを読む時には、テー
プそっくりな発音で読み上げているというので問題はあ
りませんでした。口写しに教えた音をカナ書きすると、
日本語のカナ読みになりますが、幾度も聞いた音を自分
でカナ書きしている場合にはテープの音そっくりに再現
できます。カナ書きはその子にとって、音を記憶するた
めの、発音記号のようなもので、発音そのものではない
のです。

　私が受けた頃の英語教育では、発音のカナ書きはやっ
てはいけないことでした。カナで読むと英語が日本語の
発音のようになるからという理由でしたが、発音記号を
知らない人が日本語で外国語の発音を書きたい時にはど
うしたらいいのでしょうか。英語の場合は他の外国語に
比べると発音記号を読んで、発音できる人は多いと思い
ますが、聞いた音を発音記号で書ける人は少ないと思い
ます。

　英語はカナ書きすることにためらいがありますが、他
の外国語の場合には、私たち大人もあまり気にせず、カ
ナ振りをしていますので、真似をされたのでした。子ど
もたちがテープで外国語を聞き始めると、カナ書きをす

る現象は後出の初めて物語テープを導入したグループで
も多数例が報告されています。

　日本語にない発音を日本語で表記するにはどうしたら
いいのか。ひらがなと同じくカタカナも平安時代初期に
出現し、漢字の一部を使って表したのでカタカナと呼ば
れ、漢文の訓点に使われていたそうです（広辞苑による）。
現在は外国語と、擬音（ぎおん）などの表記に使われるようになっ
ていますが、それならば、少なくとも英語が表記し易い
ように改善できないものでしょうか。例えば、

　　th[θ]　は　ス゜

　　f[f]　は　フ゜

　　r[r]　は　ル゜と言うような具合に。

　1872（明治5）年に英語国語化論（28頁参照）が起
こった時、国語を強化して英語を日本語に翻訳できるよ
うな言語にした、という例があります。英語音に近い音
を表記できるような、日本語による発音記号を新しく制
定してもらえると、英語らしい音でメモができて便利だ
と思います。これは文化審議会国語分科会でぜひご検討
くださいますようお願いします。

自然に出てくる英語

　いくみには英語の意味を教えたり、リピートを促したりすることは一切していないのですが、3歳2ヵ月頃から、適時に英語を使うようになりました。

「一緒に行こう！」と立ち上がると、

「レッツゴー」"Let's go !" と言います。

「カモン　エブリボデ」"Come on ! Everybody !"

「ヒアユア」"Here you are."

「スィユーアゲン」"See you again."

「ハワユー」"How are you?"

「マイ　ネームズ　いくみ」"My name is Ikumi."

「ヴェリ　ハングリー」"Very hungry"

「アイ　ライク……ぶどう」"I like ぶどう"

（ままごと用のおもちゃの「ぶどう」を皿にのせて、「アイライク」"I like"の後で少し考えてから「ぶどう」と言う）

「ぶどう」は「グレイプス」と教えることはしないことにしています。英語の歌を歌っている時も、言えないところを教えません。自主的に言語を習得している段階で矯正されることを知ってしまうのは、自分で気付く自己修正力の芽を摘んでしまいそうです。日本語が自然に正しくなっていくように、自分で修正する機会に出合うの

124

を待ってみようと思います。英語も自分で気付いて修正あるいは習得していけると思います。

4　日本における幼児英語教育の始まり

　1966（昭和41）年、「5歳から英語を始めよう」というキャッチフレーズで幼児から英語を教えようという私的な教育機関ができました。朝日新聞の1ページに、首都圏から応募した教室開設者・数百人の女性の名前が掲載されていて、目を引きました。低学年向けの英語のテキストを本屋で探しても、1種類しかない時代で、日本で幼児に英語を教えようという会社ができたのはこれが初めてだったと思います。長女がちょうど5歳になったところだったので、長女のために私も英語教室を開設したいと思い、翌年試験を受け、所定の講習も受けて、その会社の指導員となる資格を取得しました。

5歳からの英語教育

　画期的に思えたのはリンガフォンの子ども版のような音声教材を使うことでした。紙芝居風の絵とネイティヴスピーカーによる英語の音声が流れる録音テープと専用

のテープレコーダーを渡され、週に一度集まってくる子どもたちに絵を見せながら英語を聞かせ、リピートしてもらうやり方でした。ネイティヴの音声があるので、大学で英語を専攻した人という条件はなかったように思います。2年前の1964（昭和39）年に東京オリンピックが開催され、終戦直後の英語ブーム以上に英語への関心が高かったこともあり、5歳からの子どもたちがたくさん参加してきました。

　紙芝居の始まりは、男の子と女の子が"Hello Ken！" "Hello Hanako！"などと自分の名前を言い、挨拶をする絵でした。絵は正面を向いていたので、聞いている子どもたちに向かって自己紹介をしている形になっています。指導者である私の発音も繰り返し聞かせることによって、子どもたちは、名前の自己紹介の仕方や易しい単語類はよく覚えました。

　当時の中学校の英語教科書はbe動詞から教えるのが一般的で、

　I am ～ .

　You are ～ .

　He is ～ .

　She is ～ .

It is ～ .

This is ～ .

That is ～ .

と進み、登場人物が増えると複数の代名詞と複数の
be動詞に進むというように、文法に沿って進んでいき
ます。このグループの紙芝居もbe動詞の学習から始ま
りました。この「絵を使った文型練習」は、吉沢美穂さ
んの主導するGDM（Graded Direct Method）という教
育法だということでした。

指導成果のお披露目会で

創立2年を過ぎた頃、成果を披露するために英語を話
す外国人と実際に話してみる会がおこなわれました。各
教室の上手にリピートできる子どもたちが10人程選ば
れて、ホールの檀上に、半円形に並べられた椅子に観客
席に向かって座りました。

300～400人が見守る中、アメリカ人の女性が登場し
て一人一人に、

"What's your Name?"

と、名前を聞き、次に、

"How are you?"

と聞きました。子どもたちは、

"Fine thank you. And you?"

　と聞き返し、それはうまくいって、私たち教える側の人間はほっとしました。

　次に、フリートーキングで「なんでも言いたいことを言ってごらんなさい」という時間がありました。なかなか発言者が出ない中で、1人の子が、

"This is my hand."

　と言って、自分の手を見せました。

　もちろん"Good !"とほめてもらいましたが、そのレベルは、1歳の子が「お目目はどれ？」と言われて自分の目を指差すような時期に発する言葉と同じくらいで、また、実際の英会話でこのような発言をする機会があるだろうか、と、会が終わってからの指導員たちの反省会で話題になりました。

「覚えては忘れる」の繰り返し

　入会して半年も進むと、絵の中に両親や兄弟・姉妹、友達と登場人物が増えてきて、1つの文が長くなります。長い文を週1回、テープの音を聞かせるだけで覚えさせるのは難しくなってきました。じっとしているのがつら

い年齢の子どもたちをなだめすかして、やっと覚えさせて帰しても、翌週には覚えていないことが多くなりました。週1回では「覚えては忘れる」の繰り返しで、指導者としては満足できませんでした。

そこである内部の研究会で、「赤ちゃんが言葉を覚える時には文法を順序だてて勉強しないし、それでいて、やっと歩けるようになったくらいの子でも『パパへ新聞を持って行ってちょうだい』と言うと、ちゃんとわかって行動することができます。初めは聞くだけで言えなくてもいいのではないでしょうか？」という発言をしました。そしてもう一つ、私が子どもの時に父に英語で童話を聞かせてもらった体験を話しました。

父の英語ストーリーテリング

Once upon a time, there lived a king named Midas.

むかしむかし、あるところにマイダスという名前の王様がいました。

He had one little daughter. Her name was Mary.

王様にはかわいい女の子がいました。名前はメアリーといいました。

King Midas had much gold and he wanted more.

王様は金貨をたくさん持っていました。それでももっと金貨をほしがりました……。

　これは、ギリシャ神話"King Midas' Golden Touch"の始まりの文章です。記憶は正確な英文ではなかっただろうと思います。

　この物語は、私が4歳か5歳の頃、休日の朝に、父の寝床へもぐりこんではお話をせがんで、「桃太郎」、「猿かに合戦」、「浦島太郎」、「花咲かじじい」、それに父が作ったらしい私が登場するお話などとともに聞かせてもらった、お話の一つです。レパートリーの中に1編だけこの英語の物語がありました。後日わかったことですが、父が旧制中学校の生徒だった時に、この物語を暗記したのだそうです。得意のお話だったらしく、お話をせがむ度に聞かされました。日本語の声も覚えていたので、英語と日本語の両方で話してもらったのだと思います。日本語の昔話と同じように、ただ聞かされただけで、リピートを促されたことはありませんでしたが、「ワンス　アポナタイム」の音が父がいつも話している音（日本語の）とは違うので、おおげさに話す父の口に時々触ったりしながら聞いていた記憶があります。

　この物語が中学か高校の英語教科書に出ているのを発見した時のときめきを思い出します。あたかも英語と日本語の父の声が耳元に聞こえているように、初めの部分をそらんじることができ、教科書の英文を容易に理解することができました。ギリシャ神話だと知ったのはこの時です。よみがえったこの幼時の記憶とともに、それから英語学習に一層親しみが湧きました。このストーリーテリングが、私の将来に役立つかも知れないという意図が父にあったかどうか、確かめたことはありません。あの時、父が「さあ、言ってごらん」と、話す練習もしてくれて、もしも私が上手にできなかったなら、嫌な思い出となり、英語は嫌いになっていたかも知れません。

　この体験を、先の会合で話したのです。

5　リピートはたくさん聞かせた後で

　私の発言がきっかけだったのではないか、と思える程に、それから1年後、GDM方式は中止され、代わりに子どもがよく知っている福音館の絵本を英訳して、それをネイティヴスピーカーが音読したものを吹き込んだ物語テープができました。専用のデッキとテープをそれぞ

れ会員の家庭で購入してもらい、家でも好きな時に聞ける方式に変わりました。新しい指導法に切り替えたことによって、英語の習得量は格段に上がったと思うのですが、この転換に疑問を持つ人たちは会を離れていきました。

物語絵本と英語録音テープを使った国内初の指導法

　週1回の集まりの時は、一人一人が絵本の中の言える英文に○印を付けて確認したり、単語を覚えるカードゲームを考えたりと、絵本を基に、指導者と子どもたちが協同して、工夫をこらした英語の遊びを考えました。歌の録音教材もでき、身体を使ったゲームやダンスの振り付けを自分たちで考案しました。歌やダンス、カードゲームを使う教授法は以前にもおこなわれたことがあるようですが（①1924〈大正13〉年に和歌山県師範学校付属小学校で石口儀太郎が1、2年生に単語カードや歌を使用して教えた。：『日本人は英語をどう学んできたか—英語教育の社会文化史』江利川春雄著／研究社2008年刊／239頁より、②1946年〜〈昭和20年代頃〉東京教育大学付属小学校で北島メリーらが歌や遊戯を入れて教えた。：『日本の英語教育200年』伊村元道著／大修館書店2003年刊／242頁より）、物語絵本に英語の録音テープ付き

という教材を使ったリスニングの方法で英語教育がおこなわれたのは、国内ではこの会が初めてではないかと思います。指導者たちは熱心に研究会を開き、情熱を持って指導に当たりました。

　ところが従来の英語教育を受けてきた指導者たちの中には、絵本のストーリーを全文覚えて話せるように指導しなければならないと思う人もいました。聞いて覚えることを促すために、おさらい会のような劇ごっこの発表会をすると、テープをたくさん聞く子どもたちはよく覚えましたが、覚えなければならないことを苦痛に思う子は中止してしまいました。中には英語はそこそこでも、楽しいからという理由で通ってくる子がいましたが、その楽しさが英語活動を持続していく原動力だったことに、後になって気付きました。

学校英語とのジレンマ

　小学生まではマイペースの学習ができたのですが、子どもたちが中学校へ入学すると、英語の授業が始まります。始まって3ヵ月もすると、書き取りテストが待っています。教科書の英文は易しすぎる程ですが、書くことはアルファベットぐらいしかやっていないので、文頭が

大文字になっていない、be動詞が違っている、ピリオドがない、スペリングが正しくない、と、「×」がついた低い点のテストを返されると、親御さんは失望し、自信を失った子どもたちはやめていきました。書けないと、いい点が取れない学校英語に対して、週1回の集まりではスペリングまで練習する時間はありません。聞いて、話す教育をするはずが、指導者は学校英語とのジレンマに苦しむことになります。それでも聞いて覚える学習法に共感し、信じて支えてくださる親御さんの子どもたちはついてきてくれました。

アメリカでの実践

　英語の物語を聞いて成長した子どもたちが実際に英語を使ってみる機会として、創立5年後にアメリカ4-Hクラブとのホームステイ交流を開始しました。毎年の夏休みに1,000名以上の中高生がアメリカ各州へ出かけるようになりました。子どもたちは1家庭に1人ずつ3週間滞在します。帰国の日は家族と別れを惜しみ、再会を約束して帰ってきます。自己申告では英語はあまり話せなかったけれどよくわかったという子が多かったのです。帰国後、その家族を自分の家に招くという相互交流が続

きます。来日したアメリカの子と一緒にロッジで過ごす
キャンプもおこなわれ、その頃の楽しかった思い出を卒
業生たちが今も語り草にしています。外国語学習が楽し
い思い出につながった子はその当時は十分とは言えな
かったとしても、必要のある状況に置かれると、外国語
に立ち向かう感覚的な能力が働いて、社会に出てからの
活力にしていることが彼らから寄せられた便りから察す
ることができます（第 6 章「生きる力」とは：210 頁参照）。

　その後、この会は英語だけを学習したいグループか
ら、多言語を学習したいグループ、物語を主体として研
究するグループと、新しい英語教授法を開発して新会社
を作ったグループなどが、創立した首脳陣、職員、指導
者、会員（生徒）を巻き込んで全国規模で枝分かれをし
て、私はこの時点で多言語を学習したいグループに移籍
しました。現在ある民間の子どもの英語教育会社の中に
は、その時の分派が多数存在していると思います。

　日本の、制度としての英語教育の歴史には登場しませ
んが、この会は学齢前の幼児期から、現行の学校英語教
育とは違う方法で、全国に楽しい英語教育の種を蒔いた
民間の教育機関として、日本の外国語教育に貢献したの
ではないかと思います。

6　小学校英語教育の在り方

　公立の小学校への英語導入が話題になった頃、日本の英語教育に関する貴重な2つの提言を新聞で見つけました。ここにその記事を紹介します。

「早期外国語教育　日本、立ち遅れ」
――神奈川大学教授（当時）伊藤克敏氏

　これから国際社会で活躍する人材養成のかなめとして、外国語教育は不可欠だ。しかし、現在の日本の外国語教育には大きな問題があると私は考えている。それは早期外国語学習に対する取り組みの遅れである。

　2002年度から始まる新学習指導要領に盛り込まれた「総合的な学習の時間」では、具体的な学習内容の例に「国際理解」が挙げられた。これにより、小学校3年生以上で地域や学校の実態に即した英語指導の道が開けたことになる。〈中略〉外国語習得には時間がかかる。幼稚園や小学校低学年から楽しく歌やゲームに英語で親しんだ中学生は、英語や他の外国語に対して積極的な態度を示し、また中学校後半から高校の段

階で英語力の伸びが良いことがJASTEC（日本児童
英語教育学会：著者注）の長期研究で明らかになって
いる。小学校時に国際共通語としての英語の基礎能力
を身に付けることで、中・高で高度の運用能力を習得
し、さらに他の外国語にもチャレンジする余裕を持つ
こともできるのである。〈中略〉（方法として、アメリ
カにおける外国語教育を例に挙げている：著者注）

　早期外国語教育は、今や世界中で大きなうねりと
なっている。それだけに、文部省の小学校外国語教育
に対する姿勢に疑問を抱かざるを得ない。日本でも、
早期外国語教育について早急に検討する必要がある。
当面、海外の識者を招いてシンポジウムや講演会を開
き、海外の動向に目を向けて豊富な知見を吸収したり、
21世紀の外国語教育のあり方を包括的に検討するた
め、文部省に専門の諮問機関を置いて内外の識者の声
を聞くべきである。　　　　　　　　　　※下線著者

（『日本経済新聞』1999年5月2日）

「言語グローバル化 進まぬ日本 耳から学ぶ習慣を」
──国際教養大学長（当時）中嶋嶺雄氏

　〈前略〉やはりわが国においては、問題は旧来の英語

教育の在り方にあるのであって、そこを抜本的に改革しない限り、英語を習っても英語を話せないという悪循環からいつまでたっても解き放たれないであろう。小学校の英語教育が2011年度から導入されることになった今日、一つの方法として、幼児からの音楽教育で世界に広がっている鈴木鎮一の才能教育の方法（スズキ・メソード）は、ぜひ参照されるべきであろう。

　その核心は、頭脳の柔らかい幼児のうちからクラシック音楽を耳から聴いて覚え、繰り返し練習することにある。楽譜からは入らないこの方法は、<u>文法やスペル（綴り）から入るのではなく、耳で聞いて覚えて話すというコミュニケーション能力をまず最初に教える方法</u>として、外国語教育にも十分応用できるものと私は考えている。　　　　　　　　　　　　※下線著者

（『朝日新聞』2008年10月25日）

音の貯金が生む大きな付加価値

　下線を引いた箇所を抜き出します。

「幼稚園や小学校低学年から楽しく歌やゲームに英語で親しんだ中学生は、英語や他の外国語に対して積極的な態度を示し、また中学校後半から高校の段階で英語力の

伸びが良い」

「文法やスペル（綴り）から入るのではなく、耳で聞いて覚えて話すというコミュニケーション能力をまず最初に教える」

これはどういうことなのか。

早くから自然環境に近い形で「英語に親しみ、聞いて覚える」教育を受けた子どもたちを観察すると説明は簡単です。低年齢の子にはその年齢にふさわしい楽しい学習法が必然で、楽しくないとすぐ嫌になります。私の教室に通って来ていた子どもたちは、低年齢で家でも歌や物語CDを聞き、教室に来た時には英語で楽しく遊ぶことによって、中学で英語を学習する以前に、すでに相当数の語彙を獲得しています。完全ではなく、聞いたことはあるが意味はわからない音、意味がわかり発音もできる音、語頭の２音の見当がつくとパッとひらめいて読むこともできる単語と、いろいろですが膨大な語彙の貯金を既に持っています。

中学校に入学すると、その語彙の中の単語を少しずつ教えられていくことになります。入学後初めて英語に接した子どもたちは、大抵、半年もすると英語が難しいと感じるようですが、語彙の貯金がある子どもたちは、中

３までに教えられる単語の意味ならば80％くらいはわかります。教科書に出てこない単語の意味もたくさん知っているので中学の授業は退屈ともいえます。ただしテストのための書く訓練はしていないのでテストの点は必ずしもいいわけではありません。先へ行って伸びが良いというのは語彙の貯金があることと、母語獲得に近い形で物語や歌を聞いて覚える、<u>自分で気付き</u>ながら習得していくという、言語習得に対する本来的な姿勢が身に付いているからだと思います。自力でテスト用の勉強ができる子は確実に、読み、書きの上達も早いのです。

第4章　始まった「外国語活動」

1　本当に、これで大丈夫？

　2011（平成23）年4月、全国の公立小学校で、5、6年生を対象に英語の必修授業が始まりました。およそ20年かけて検討してきた義務教育としての英語の授業。それがどのようなものか、興味深く待っておりました。しかし、始まった教育は、正式な教科としてではなく、「外国語活動」という形でのゆるやかな導入です。指導書には、この授業のために使っていい時間は最多でも年間35時間、週1回となっており、これができない場合のために、年間25時間か15時間のプログラムの組み立て方も示されています。

授業時間数が明治時代の3分の1

　明治時代から世界で活躍する日本人の育成をめざし、10代の子どもたちに英語教育を施してきたものの、抱いた大志ほどに成果は上がらず、批判にさらされ続けてきた日本の英語教育。海外から英語教師を招いての改革も、実践的な能力が授けられるまでには至りませんでした。そして今また、戦後に全国民が英語教育を受けるよ

うになってから60余年が過ぎて、再び世界の変動に合わせて「英語を使える日本人」を育成しようと、小学生年代からの英語必修化をスタートさせました。

1886（明治19）年、今の小学校５、６年生と同じ年齢の子が通う高等小学校で、初めて英語が随意科目として制定された時の授業時間数は週３時間でした。今回設定されたのは、最大でも週１時間と、その３分の１の時間です。これだけの時間数で、本当に「英語を話せる日本人」を育てることができるのか疑問に思います。

「新学習指導要領・生きる力」

2010（平成22）年に出された新学習指導要領の大きな目標は「生きる力」を育むことです。その中で「外国語活動」の項目を見てみると、次のように述べられています。

第４章　外国語活動

第１　　目標

　　外国語を通じて、<u>言語や文化について体験的に理</u>解を深め、積極的にコミュニケーションを図ろうとする態度の育成を図り、<u>外国語の音声や基本的な表</u>現に慣れ親しませながら、コミュニケーション能力

の素地を養う。

第2　内容

〔第5学年及び第6学年〕

1. 外国語を用いて積極的にコミュニケーションを図ることができるよう、次の事項について指導する。

（1）外国語を用いてコミュニケーションを図る<u>楽しさを体験</u>すること。

（2）<u>積極的に外国語を聞いたり、話したり</u>すること。

（3）言語を用いてコミュニケーションを図ることの大切さを知ること。

2. 日本と外国の言語や文化について、体験的に理解を深めることができるよう、次の事項について指導する。

（1）外国語の音声やリズムなどに慣れ親しむとともに、<u>日本語との違い</u>を知り、言葉の面白さや豊かさに気付くこと。

（2）日本と外国との<u>生活、習慣、行事</u>などの違いを知り、多様なものの見方や考え方があることに気付くこと。

（3）<u>異なる文化をもつ人々との交流等</u>を体験し、<u>文化等に対する理解を深める</u>こと。

第3　指導計画の作成と内容の取扱い

1.指導計画の作成に当たっては、次の事項に配慮するものとする。

（1）外国語活動においては、英語を取り扱うことを原則とすること。

（2）各学校においては、児童や地域の実態に応じて、学年ごとの目標を適切に定め、2学年間を通して外国語活動の目標の実現を図るようにすること。

（3）第2の内容のうち、主として言語や文化に関する2の内容の指導については、主としてコミュニケーションに関する1の内容との関連を図るようにすること。その際、言語や文化については体験的な理解を図ることとし、指導内容が必要以上に細部にわたったり、形式的になったりしないようにすること。

（4）指導内容や活動については、児童の興味・関心にあったものとし、国語科、音楽科、図画工作科などの他教科等で児童が学習したことを活用するなどの工夫により、指導の効果を高めるようにすること。

（5）指導計画の作成や授業の実施については、学級担任の教師又は外国語活動を担当する教師が行うこととし、<u>授業の実施に当たっては、ネイティブ・スピーカーの活用に努めるとともに、地域の実態に応じて、外国語に堪能な地域の人々の協力を得る</u>など、指導体制を充実すること。

（6）音声を取り扱う場合には、CD、DVDなどの視聴覚教材を積極的に活用すること。その際、使用する視聴覚教材は、児童、学校及び地域の実態を考慮して適切なものとすること。

（7）第1章総則の第1の2及び第3章道徳の第1に示す道徳教育の目標に基づき、道徳の時間などとの関連を考慮しながら、第3章道徳の第2に示す内容について、外国語活動の特質に応じて適切な指導をすること。〈以下略〉

※下線著者

（「新学習指導要領・生きる力」文部科学省HPより）

　第1の「目標」のところには、大きく2つの内容が記されています。「積極的にコミュニケーションを図ろうとする態度の育成」と、「コミュニケーション能力の素

地を養う」ことです。そして、これらの目標を達成する
ための手段として挙げられているのが、下線を引いた、
「言語や文化について体験的に理解を深め」ること、「外
国語の音声や基本的な表現に慣れ親しませ」ることです。
　各々についてのさらに具体的な指導内容が、その下の
第2の「内容」のところに3項目ずつ示されており、言
語や文化に関する指導は、体験的に日本と外国の言葉や
生活・文化を知り、異文化理解を深めること、コミュニ
ケーションに関する指導は、楽しく積極的に話す・聞く
といったことに重点を置くようになっています。
　そして、これらのことを互いに関連付けて、体験的に、
他の教科の活動とも関連付けながら、子どもの興味・関
心に合わせておこなうようにと第3の「指導計画の作成
と内容の取扱い」のところに書かれています。これらの
ことを、週1時間、年間35時間の中で2年かけてやり
通せるものでしょうか。指導要領に示された目標を達成
するためには、相当の工夫と努力が必要だと思います。
　指導の実施者としては、第3の（5）に、「ネイティ
ブ・スピーカーの活用に努める」、「外国語に堪能な地域
の人々の協力を得る」となっています。研修などは特に
課されていないようです。

「英語ノート」について

　子どもたちには、テキストとして「英語ノート」が渡されました。ちなみに、「外国語活動」は教科ではないので、このテキストは教科書ではなく、補助教材と呼ばれるそうです。

「英語ノート」は①と②があって、①は５年生、②は６年生が使うように作られています。５年生用の１ページ目を開けると、見開きいっぱいに、UNICEF（ユニセフ＝国際連合児童基金）の「子どもたちの平和運動」のメンバーという、いろいろな国の10代と見られる少年少女15人くらいが、笑顔で寄り添っている写真が現れます。左上のタイトルには、「みんなともだち」とあります。日本らしく世界の平和を祈る気持ちをメッセージとして表現しているのでしょう。子どもたちは、「外国の人々と仲良くするには英語が必要なのだ」というメッセージを受け取ったかも知れません。

　目次に並んでいる英語の内容は次のような表現です。

Lesson 1. Hello. アンニョンハセ. Bonjour.

　　「世界のこんにちは」を知ろう

Lesson 2. I'm happy.

　　ジェスチャーをしよう

Lesson 3. How many?

　数であそぼう

Lesson 4. I like apples.

　自己紹介をしよう

Lesson 5. I don't like blue.

　いろいろな衣装を知ろう

Lesson 6. What do you want?

　外来語を知ろう

Lesson 7. What's this?

　クイズ大会をしよう

Lesson 8. I study Japanese.

　時間割を作ろう

Lesson 9. What would you like?

　ランチメニューを作ろう

Songs　歌が4曲

　Hello Song. Ten Steps. Head, Shoulders, Knees and Toes. Sunday, Monday, Tuesday.

Chants　チャンツが6種類

　さらにページをめくると、豊富にイラストが使われており、ゲームが盛り込まれていて楽しげですが、率直に感想を申し上げますと、時間数が少ないことが不満です。

週に１度、１つの単語、あるいは１つのフレーズにつき数回聞くだけの授業では、将来コミュニケーションができるような力が付くとは思えません。その他、歌やチャントをもっと、豊富に取り入れたほうがいいと思います。また、クイズ風の練習問題は、手間をかけて答えを出さなければならない割には学習内容が少ないようです。英語そのものをどんどん覚えていかれるような練習問題をたくさんやるほうが、学習効果が上がると思います。子どもたちも達成感があると力を入れて学習します。

「英語ノート」とCDが、５、６年生の児童に全国一斉に配られたのだと思っていましたが、配付されたCDは教室で聞くためのものが１枚だけ。「英語ノート」の使用も実は任意で、学校が使わないと判断したため配られず、ALT（Assistant Language Teacher ＝外国語指導助手）だけによる授業というのがあるようです。また、英語専任の先生が教える学校もあり、指導教員はさまざまなようです。担任の先生の場合はどのように英語を教えるのだろうと思いましたが、成果は如何だったでしょう。

2　IT教育と同時進行の韓国の英語教育

　隣国、韓国における小学校の英語教育は、1982（昭和57）年からクラブ活動の一つとして始まりました。1997（平成9）年には必修科目となり、当時は3年生から週2時間の授業を受けていましたが、現在は3、4年生が週2時間、5、6年生は週3時間の英語の時間があるそうです。初めはリスニングとスピーキングが中心で、だんだんとアルファベットと単語の読み書きに入ります。例文は128種、単語は500語を学びます。

　指導はクラス担任があたるケースが約3割と言われています。ALTを導入する計画はないそうです。しかし、小学校教員には120時間の英語研修をおこない、さらに120時間の上級研修も用意されています。また、専科教員の増員も計画されています。

家庭学習用のCD-ROMを全生徒に配付

　2001（平成13）年初版の小学校4、5、6年生用の英語教科書を見る機会がありました。書かれている英語はタイトルと学習方法を示す簡単な英語だけ。全ページ

がイラストと写真で、説明文や、学習の仕方、質問の文も韓国語で書かれているので、日本の英文の多い中学生用の教科書を見慣れている目には、"これが英語の教科書？"と疑いたくなります。

その他に生徒用のCD-ROMが各学年1枚（または録音テープが1年分で3本）配付されています。教科書は当初日本の文部科学省に当たる教育人的資源部（現在は教育科学技術部）の発行でしたが、2011年からは民間の出版社が出し始めている過渡期にあるとのことで、3、4年生用は10数種類の検定教科書とCD-ROM（各学年2枚）が出版されており全生徒に配付されています。5、6年生用は、今の段階では民間の出版社による教科書は出ていないそうです（2012年現在）。

学習の明確な目的と細かい手順を示して英語学習へ誘う

各学年の教科書の巻頭文には、子どもたちに向けて「英語を習得すると、どのように役に立つのか、なぜ君たちに英語を学んでほしいのか」が、自国語で熱く語りかけられています。

子どもたちへの檄文（げき）

　2002年発行（2001年初版）の４年生用のテキストですが、巻頭言の概要を紹介してみます。残念ながら同年発行の３年生用は手に入らなかったのですが、５、６年生用はほぼ同じ要旨で書かれているので、３年生用も４年生用も大差はないと思います。

【モリマル・巻頭言】第４学年2002年版

　生徒の皆さん、英語を勉強し始めてから１年以上たちましたね。道で外国人に会うと、ちょっと話してみたい気がしませんか。そうならば、もう英語に自信があると考えていいです。１年間英語を勉強すると世界のいろいろな国の友達が考えていることが、たくさんわかるようになったことでしょう？

　４年次でもみなさんは英語を易しく面白く学ぶことができるように、いろいろな活動をさまざまに、面白い歌や、チャントもなぞってみて、面白いゲームや劇遊びなどもやってみましょう。

　その間に英語の文字の勉強もしたくなるでしょう。今度は、私たちは英語を読む時の基礎となる、アルファベットの形と音を学習します。面白い英語に、更に親しみがわいてきますよ。英語が読めるようになるとイ

ンターネット通信で外国の友達と英語で文章をやりと
りすることもできます。皆さんの世界はもっと広がっ
て友達がもっとたくさんふえることでしょう。

　学校で学んだ英語を、家へ帰ってからCD-ROMの
タイトルかテープレコーダーのテープで復習してみて
ください。少しずつ、少しずつ毎日反復して英語を勉
強する習慣を身につけるようにすれば、英語が自分た
ちの国の言葉のようになります。皆さんは私たちの国
の、夢と希望を担っているのです。英語の勉強を熱心
にすると、地球村の新しい千年をリードしていける
りっぱなリーダーになれるでしょう。　　　※著者 訳

（『영어・ELEMENTARY SCHOOL ENGLISH 4』교육인적
자원부　2002年刊）

　以上のように、英語を学ぶ目的と学習法が具体的に児
童にもわかるように巻頭言に明らかにされ、子どもたち
へ国家の未来を託しています。

　CD-ROMを使って、家で繰り返し聞くことを習慣に
しましょう、英語の勉強は面白いのですよ、と、子ども
たちが興味を持つように、英語学習へ誘いかけます。

　小学校３年生が堂々とパソコンの操作をするように促
されるのですから、番号の順序通りに進まないとしても、

好奇心の強い低学年の子どもたちがテレビゲームをするような感覚で、パソコンの操作を覚え、同時に英語学習が始まります。現在出ている3年生用の10数種のテキストを比較すると、順番が違いますがほぼ同じ内容です。

　私がベストだと思った出版社の2011年初版の教科書の、学習を進めるためのお話の内容を紹介してみます。

　　ある日、登場人物たちが遊んでいる公園へ、空から1人の女の子が空飛ぶ自動車に乗って不時着します。その子と一緒に過ごしながら、基本の日常語を習得していきます。お話が第1章から15章まで続いたところで、女の子は空へ帰って行きます。第16章は1年間で学んだことをゲームのように復習して1学年が終わります。学習法の要点をまとめると次のようになります。

　教室での授業は1章につき4時間使い、16章を60時間かけて学習します。学習活動の項目が英語の見出しと自国語で説明されていて、活動項目はどの出版社も大体同じです。この出版社の例では、

教科書活動について

1時間目

　Look and Listen「絵を見て聞き取ろう」

Listen Up「聞き取りを確認しよう」

Let's Chant「チャントで勉強」

2時間目

Look and Speak「見て、なぞって言ってみよう」

Speak Up「絵を見て言ってみよう」

Let's Play「遊びで勉強」

3時間目

Story On「物語で勉強」

Let's Sing「歌で勉強」

ABC「アルファベットを聞いて、書いてみよう（2学期）」

4時間目

Do It Yourself「確認しましょう」

Do It Together「遊んで、復習」

This and That「文化を見よう」

※「　」内の日本語訳は著者

と書かれています。

CD-ROMについては、

教科書と一緒にCD-ROMタイトルをこのようにつかってね―英語だけでなく、外国語は反復して聞き、音をなぞって覚えていくと、易しく学習することが出

来るのです。

という大きな見出しがあり、

　教科書と合わせて、提供されているCDタイトルは英語の勉強をするための良い友だちです、次の指示のようにうまく活用しましょう。

（以上、『ELEMENTARY SCHOOL ENGLISH 3』미래엔컬처 ^(未来への文化)ユ룹^(グループ)　2011年刊より）

と案内があり、実生活の場面に沿った役に立つ言語、基礎的な学習が面白くできることが強調して述べられています。

そしてそのCD-ROMタイトルを開くと、ジブリのアニメ映画のようにカラフルで楽しげなタイトル動画が音楽に乗って現れます。アイコンを順に追ってクリックしていくと、同じフレーズを、アニメの動画、人間が登場する映画、アニメによる物語（教わった英語を使った「お菓子の家」の書き替えなど）、チャント、歌、ゲーム、テストと、手を替え品を替え、いろいろな方法で聞くことができ、リピートして言えるようになったところで、自分の英語を吹き込んで、聞いてみる録音機能も組み込まれています。１章が終わる頃には、その章で学習する英語の音が耳にこびりついてしまいます。

各章の仕上げにはインターネットで調べてみましょう、という課題が出されています。CD-ROMの画面からクリック１つで直にインターネットに接続できるようになっていて、出版社の教育サイトにつながります。第１章では「日本と中国ではどんな挨拶をするのか調べて発表しましょう」という課題です。その章ごとに関連する課題が出され、いろいろな国の文化について各自がネットで調べて発表するよう仕向けられています。

英語の意味は説明するだけ

　もう一点興味深かったのは、英語の意味を翻訳して教えていないことです。絵や動画で状況を示し、例えば、「朝の挨拶は次のように言います」と、自国語の説明があり、"Good morning." と音声が流れます。次に昼の挨拶、夜の挨拶がそれぞれの絵と音声で説明されます。文字があるのは "Good morning." だけ。他は英語の文字はなく、韓国語による説明文があるだけです。韓国の英語教育は自習用CD-ROMが全員に配られていて、家で繰り返し聞くように指導されています。この点が日本の教授法との決定的な違いです。聞いてリピートをする段階ではALTは必要がないと判断したのでしょう。英語の

実践を体験する場所としては国内に英語だけで暮らす英語村という施設がありますが、今後さらに大規模な施設を作る計画があるようです。英語を翻訳せず、自国語で書かれた説明の字幕を読み上げてから、英語の音声を聞かせる方法は自国語を読む練習にもなりそうです。

　教育の目標は3、4年では徹底して聞いて、なぞって英語の発音に慣れ、生活に必要な基本的な言葉を覚えることです。どんな言葉を覚えるためにこの章を学ぶのか、そのために何をしなければならないかがわかりやすく解説されているので安心して学習を進めることができます。

　韓国のテレビドラマを見る時やいろいろな場面で感じる、韓国人の情の深さ、表現が悪いかも知れませんが、しつこさが徹底した教育にも表れているような気がします。教科書の後ろ半分は付録のカード類がとじ込んであり、厚みのある紙を、手で切り離してそのまま使えるようになっています。書くことは3年生の後半あたりからアルファベットと短い単語のスペルを書き始める教科書が多いようです。会話ができると単語だけでいいのです。

英語教育と合わせてIT教育も推し進める

　英語学習をしながら、将来的に英語の使用頻度が最も

高いと思われるパソコンの使い方にも慣れていくという、まさに一石二鳥の教育が10年以上も前からされているのです。教育熱心な韓国の親御さんたちが子ども一人一人にパソコンを買い与えざるを得ないという経済効果も派生したのではないかと思います。IT教育も、グローバル化を強力に推し進めている韓国政府のねらいだったと想像できます。

韓国の低学年英語教育の成果

　私が今所属している外国語教育グループは20年来、韓国の海外交流団体と相互ホームステイ交流をしてきました。夏休み、年齢は小学校4年生から中学校3年生までの青少年10数名がシャペロンの先生に付き添われて来日し、会員の家庭と有志の家庭に7日間滞在します。

　滞在期間中に、東京近郊あるいは近県の青少年施設でホストフレンドも一緒に2泊3日、ロッジで寝起きを共にして、交流を深めるための合宿に参加します。自国の文化を発表し合ったり、外国語を使うゲームをしたり、キャンプファイヤーを囲んで歌ったり踊ったりする、お楽しみ会のような合宿です。交流を始めた頃、韓国の人たちは非常に熱心に日本語を学んでいました。

　隔年で交互に訪韓したり、来日したりするのですが、2006（平成18）年までは、韓国語と片言の日本語でのやり取りが多かったのです。ところが、2008（平成20）年からは、日本語より英語での会話が多くなりました。感想文も大半が、韓国語から英語になりました。

韓国の子どもたちが英語で書いた感想文

　2010（平成22）年夏の来日の時、合宿に参加してい

た１人の韓国人の男の子がシートのタイトルを指差して、"What's this?（これはなんですか？）"と英語で聞いてきました。その夏の韓国の子どもたちは大人にも英語で話しかけてきました。会の終わりに書いてもらう感想文用紙の表題は日本語で「感想文」と書かれ、下に英語が添えられています。"Impression"という英語を指差して「イムプレッション」と読み上げると、うなずいて感想文を書き始めました。覗き込んで見ていると、英文で書いています。つまり彼は"Impression"は読めないけれど、聞くと意味がわかるのでした。

彼が記した英文を紹介します。英語を教えている人が読むと、正確な英文ではありませんが、言いたいことは十分に伝わってきます。日本文だとしたら、平均的な小学校２年生ぐらいの文章に相当するでしょうか。

（2010年夏グロウバル国際交流キャンプ 信州高遠少年自然の家にて）

小５　男子

Um…, it's very funny time, so I'm happy, and here's foods are very good so I'm happy, and here's bathroom is very good so I'm happy, and here's bedroom is very good, so I'm happy.

（機関紙『グロウバル』No.100 ／ 2010.8.25）

　韓国の子どもたちは、キャンプの印象をほとんど全員が英語で書いてくれました。韓国語で書く子がいなかったのは、引率の先生の指導だったようです。他の子の感想文も紹介してみます。辞書も引かずに即座に書かれた文です。

　小4　男子

　It's very funny, few bad. But it was very funny, good.　But I was tired,　but when I sleep I was happy.　I like this camp.

（機関紙『グロウバル』No.100 ／ 2010.8.25）

（2008年夏グロウバル国際交流キャンプ 信州高遠少年自然の家にて）

　14歳　女子

　This camp was funny as much as I thought. Leaders were very fun and good, and also programs were good too. And it was good　to make lots of global friends.

　The most exciting thing was candle fire.　I sang Lalala and Seoul.（ソウルオリンピックの歌：著者注）

　Our songs were bad, but fun because the teachers

helped us. I want to come this camp again.

（機関紙『グロウバル』No.95 ／ 2008.12.25）

11歳　女子（メール）

Hi Chichan !, I am Lily. How are you doing? I am fine. So I want to see. Come to my house. I am 11 this year. Thank you for your presents, photo and letter. I am doing to move to Seoul. I move the house. I teach my address. Please do not hurt even stay healthy this year. I want to see 二人 a Chichan musical.   Chichan your（you are を音の通りに書いたらしい：著者注）good for Korean. I am not good a Japanese. I am ashamed. See you again. Bye bye. From Lily（Lily は自分のニックネーム：著者注）

※原文のまま （機関紙『グロウバル』No.99 ／ 2010.3.25）

受信者の Chichan こと H 先生の話によると、パソコンの翻訳機能を使ったところもあるかも知れない、とのことでしたが、調べる手段を知っているのは素晴らしいことだと思います。小学校３年生から始めて、中学、高校と学習を進め、韓国の英語教育は確実に成果を上げています。

日本語と韓国語の文の構造は同じ

　英語の語順は例えば、"I am going to see a movie tomorrow." ならば、日本語にすると、「私は、行くつもりです、見に、映画を、明日ね」と並んでいます。英語を聞いて日本語に訳す時には「私は」の次は最後まで聞いてから「行くつもりです」と訳さなければならないので、訳し終えるまでに時間がかかります。日本人にとって英語のヒアリングが難しい理由の一つです。「私は、行くつもりよ、見に、映画へ、明日ね」と、語順通りに情報を汲み取っていく聞き方に頭を切り替えると、少し楽になります。

　この点については、韓国語の語順も日本語と全く同じ組み立てをするので英語習得時の難易度を比較するには格好の言語と言えます。韓国の英語教育は3、4年生が週2時間で年間60時間、5、6年生が週3時間の授業で年間90時間。その上に高いレベルの家庭学習の工夫が進んでいます。2011年からやっと始まった日本の公立小学校での英語教育は5年生から年間最多で35時間。今の方法でこれだけの時間で例えば韓国との14年間のギャップを埋めるのは大変難しいと思います。

3　アジア各国の英語教育

　日本人が長年日本語のみで生活ができたのは、日本が他国の言語に占領されたことがなかったという幸運があったからだと言えます。土着の言語と新しい支配者の言語の両方を使わなければならなかった国では、独立後、土着の言語を取り戻す努力がおこなわれました。その上で、新たに今、非英語圏の国々が、世界情勢に合わせて英語教育に力を注いでいます。ヨーロッパの国が近隣諸国の言語を習得するのはお隣の国同士が方言を習得するようなもの。日本にとって参考にすべきは、小学生からの英語教育先進国であるアジアの国々の教育ではないかと思います。

現代を生き抜くための教育

　アジアの国々の早期英語教育の取り組みを、『世界の英語を歩く』（本名信行著／集英社新書2003年刊）から知ることができます。

　　アジアの国々は英語を国内言語、あるいは国際言語と認識して、小学校から英語教育に力を入れています。

166

インド、シンガポール、ブルネイ、フィリピンなどの英語公用語国ではずっと以前からそうでしたが、最近ではタイ、ベトナム、インドネシア、中国、韓国などの英語国際語国でもそうするようになっています。二一世紀を生き抜くためには、英語はどうしても必要であるという認識です。

英語を教育言語とするシンガポール

　シンガポールでは英語は第一公用語とされているので、子どもは小学校入学以前から英語にふれる機会が多いのです。小学校から英語は学科でもあるし、母語と道徳を除く他のすべての学科の教育言語でもあります。英語教育ではコミュニケーション・スキルズと同時にリテラシーの訓練が重要視されています。

　これは幼時から身近に話されている英語を聞き慣れている場合には、それ程難しいことではないと思います。

英語を正課として週5時間設定するフィリピン

　フィリピンではフィリピノ語と英語の二言語の教育を目指しています。フィリピノ語は国民的アイデン

ティティーのシンボル、英語は国際コミュニケーションの言語と位置づけています。小学校で英語は学科として<u>週五時間</u>が割り当てられています。

自国からの発信が第一義の中国

中国の英語学習者は年々増加しています。現在、人口の三割は英語を勉強しているといわれるので、三億人以上になります。中国では二〇〇一年から大都市を中心として小学三年から英語が正課になりました。大きな本屋には小学英語の参考書があふれています。到達目標もかなり高いように思われます。

中国は2005年に小学校１年生から正課となりました。

自国を知ってもらうための、徹底した、発信型の教育がされているそうです。

教員に360時間の研修を義務付ける台湾

台湾の学校教育では、英語をLWC（Language for Wider Communication 広域コミュニケーションのためのことば）と位置づけています。日本の文部科学省に相当する教育部では父母の熱心な要望に応えて、二〇〇〇年から小学校に英語を正課として導入しまし

た。そして、五、六年生に週二時間のプログラムを実施しています。

　教育部は小学校英語教育の開始にあたって、英語能力の高い教員を確保するのに多大の努力をかたむけました。小学校英語教員の能力試験には五万人の受験者が集まったと伝えられています。合格者はさらに二四〇時間の英語技能研修と、一二〇時間の指導研修が義務づけられます。台湾がこのプログラムに本格的に取り組んでいることがわかります。

　台湾政府は台湾を Asian-Pacific Regional Operational Center（アジア太平洋地域展開センター）に仕立てる壮大な計画を持っています。そのためには、五〇万人くらいの英語と北京語のバイリンガルを必要とするとされており、人材養成に乗り出しています。小学校の英語教育は、この裾野を広げる試みなのでしょう。

※各国の見出しは著者

（『世界の英語を歩く』本名信行著／集英社新書2003年刊／206〜208頁より）

　こうして、韓国をはじめとするアジア各国でおこなわれている小学生年代に対する学校英語教育の状況を知ると、我が国の英語教育の立ち遅れが改めて感じられます。

表3　アジア諸国における小学校の英語教育制度

国名	対象学年	時間数／週	実施の特徴
韓国	3、4年生	2	生徒にCD-ROMを配付 教員を120～240時間研修
	5、6年生	3	
シンガポール	全学年	ほぼ毎時間	道徳と母語を除く全教科の教育言語としている
フィリピン	全学年	5	フィリピノ語と英語の2言語教育を目指す
中国	全学年	最低4回	時間を短くして回数を増やし画像と音声教材を多用する
台湾	5、6年生	2	教員を360時間研修
日本	（3、4年生）	（1～2）	（2020年を目標に3年生からの必修化検討が始まる）教員はできるだけネイティヴを活用
	5、6年生	1（3）	
			※（　）は2020年以後の見通し

出典:『世界の英語を歩く』(本名信行著／集英社新書 2003年刊)、「中国における小学校英語教育の現状と課題」文部科学省HP(http://www.mext.go.jp/b_menu/shingi/chukyo/chukyo3/015/siryo/05120501/s004_2.pdf)、47NEWS「英語教育、小3へ前倒しへ 5、6年は正式教科に」2013年10月23日共同通信(http://www.47news.jp/CN/201310/CN2013102301001183.html)、「新学習指導要領・生きる力」文部科学省HP(http://www.mext.go.jp/a_menu/shotou/new-cs/youryou/syo/gai.htm)の掲載内容をもとに作成。

170ページの表（表3）は、以上の状況をまとめたものですが、時間数、内容、教員養成のどれをとっても他のアジアの国々から大きく遅れを取っている我が国の現状が浮かび上がってきます。

　日本は、2020（令和2）年度をめどに、英語の必修授業を3年生に前倒しする方向で準備が進められました。5、6年生の授業も教科に格上げされて時間数も週3時間に増やされました。何のために英語を学ぶのかという目的や具体的な方法が示されないまま、なんとなく小学校での英語教育が必修化してしまった感があります。変化が激しいこの時代に、立案から実施までにさらに7年もかけたというのは如何なものでしょう。日本の英語教育のアジアからの遅れは更に拡がったのではないでしょうか。

4　「日本人は英語に向かない」ということの誤り

「日本語と英語では文型が違うから日本人は英語には向かない」という説があります。日本語と酷似する言語を自国語とする韓国では、学校での英語教育が確実に成果を上げています。

ハングルとひらがな

「ハングル」を広辞苑で調べると、

> （han-gŭl 朝鮮語で「大いなる文字」の意）朝鮮語固有の表音文字。一四四六年李朝の世宗が「訓民正音」の名で公布。初めは母音字・子音字合わせて二八字あったが、今は一〇の母音字と、一四の子音字を用いる。個々の文字は一つの子音または母音を表し、それらを組み合せて音節文字として表記する。韓国ではハングル、北朝鮮ではチョソングルと呼ばれる。<u>かつては漢字に対して諺文（オンモン）、女手（アムクル）と呼ばれ、主に児童・女性によって使われた。</u>朝鮮文字。
>
> ※下線著者
> （『広辞苑』第5版より）

と、あります。古代には日本も朝鮮も漢字を主に使っていましたが、日本のひらがな同様、ハングルも女性と子どもが使って広まった文字とされるのは興味深いところです。ハングルの形成については、以下のような面白い起源説もあります。

　　ハングルは、李朝の４代王世宗が、文字の作成に頭を悩ませていた臣下たちのために、障子戸の桟を見ながら、「そんなに難しく考えることはない。このよう

になぞって作ればいい」といって、考え出したという
説もあった。韓国家屋にある障子の桟が偶然、訓民正
音28字の字体と似ているということから、このよう
な起源説が出てきたのだ。

　ところが、1940年に慶尚北道のある旧家で、現在
韓国の最も貴重な国宝のひとつであり、ユネスコの「世
界記憶遺産」にも登録されている『訓民正音解例本』
が発見された。〈中略〉訓民正音、すなわちハングル
がどのような原理のもとに作られたかがこの世に明ら
かになった。結果、障子の桟説もパスパ文字（チベッ
ト仏教のラマ・パスパがフビライ・ハーンの命を受け、
作った文字）起源説も一瞬にして吹き飛んでしまった。
　（『蓮池流韓国語入門』蓮池薫著／文春新書2008年刊／73頁
　より）

母音の数が日本語より多い韓国語

　ハングルは子音と母音を組み合わせて日本語の50音
のようなしくみで発音します。日本語の音は5個の母音
と15個の子音の組み合わせだけですが、ハングルは母
音字が10個で、母音を2つ組み合わせる複合母音が11個、
子音字は14個、子音字を2つ重ねた表記で発音する音

が５個あります。中には子音字が３個に母音が１個で１文字という複雑な組み合わせをするものもあります。日本語に比べると音韻の種類が多いので、韓国の人は聞き取り可能な音域が日本人より広く、英語（母音が約30種、子音が24種）の聞き取りは日本人より少し有利かも知れません。

英語が話せない原因は、こんなところにもある

「英語が話せない日本人」というレッテルを貼られてしまった原因は、これまで学校でおこなわれてきた授業が話す外国語教育ではなかったことに加えて、日本人に立ちはだかるもう一つの壁があります。それは、「出る杭は打たれる」と言う諺があるように、日本の社会では謙虚で出しゃばらない人のほうが評価は良く、自己主張の強い人は、いい性格の人と評価されないことです。

自己アピールも、ほどほどにしないと嫌がられます。日本人は他者とのコミュニケーションにおいて、以心伝心、黙って座ればぴたりと当たるような、物を言わずとも心中を察してもらえることを期待してしまいます。こちらの意中が汲み取ってもらえない時には、相手の人を「気が利かない人」と評価したりします。この国民性で

外国人に接しようとすると、お互いを理解するまでに長
い時間がかかります。日本人同士であっても、招いた客
人に供した食事が、その人の好みだったかどうかはなか
なかわかりません。日本人は、出されたものが口に合わ
ない場合でも、大抵は「美味しい」と言って食べてくれ
るからです。そう言われて喜んでもらえたのだと思って
いると、かなり親しくなってから、本当は好みではない
ことがわかったりします。アメリカ人の場合は、

　"Very good！My mother's taste！"（お袋の味のようだ）

などと言ってもらえるので、気に入ってくれたのだと
わかりますし、

　"Sorry, it's not my taste."（食べなれない味なので）

　と言われると、この料理は好みではないのだと、すぐ
にわかります。職業、年齢、結婚のいきさつ、趣味など
についても、自分のほうから話してくれることが多く、
仲良くなるのにそれ程時間がかかりません。恥ずかしが
り屋の日本人は、相手が日本人であってもあまり自分の
ことを話そうとしません。相手が外国人と見ると、知っ
ていても英語で話そうとしませんし、日本語で話しかけ
てみることもなかなかしません。

　自己表現をしない、何を考えているのかわかりにくい

175

と言われる日本人の国民性が、どのように形成され、現代までも受け継がれているのか、という文化人類学的考察は、この分野の研究者の方々がされていると思いますが、英語での会話にしり込みをするのは、「英語を間違って話すのは恥ずかしい」という教育が長い間おこなわれてきたことと無関係ではないと思います。こうした教育が、すでに明治時代から始まっていたのです（第1章「教育理論と成果のギャップ」：43頁参照）。このような教育を受けたなら、英語を話すことが生涯のトラウマになってもおかしくありません。その上に、恥ずかしがり

屋で自己表現が苦手、自分を容易にさらけ出さない国民性が、「英語が話せない日本人」に拍車をかけている、とよく言われます。学校の成績が良くなかった人は、初めから「英語は苦手」とあきらめてしまっていますし、劇をしたり暗唱したりするのが上手で英語をよく覚えるからといって、コミュニケーション能力が高いというわけではありません。言語は、実際に言語として使う経験がないと、死んだ知識になってしまうのです。

5　日本の英語教育が今後進むべき方向

　日本の英語教育は、その時代、時代によって、必要性の中身が変わってきたのだと思いますが、導入された英語の教授法は、ある年数を経過するとその成果が問われました。役に立たないので、学習に使う時間が無駄という理由が多かったのですが、さりとて文化国家を標榜する我が国は廃止することもならず、次第に学校英語教育は、話すための言語として英語を教えることをあきらめ、書物から海外の知識を得るため、あるいは教養として知っておくべき言語、という位置付けとなり、1、2度読み上げては翻訳する訳読法が中心となり、大学入試

もこの教育法を踏まえたものとなりました。

　そして今再びこの教育方式が、現代にそぐわないものとして転換を迫られています。

現代の日本人にとっての英語の役割

　現代では外国文化および外国語に関心のない児童・生徒はいないと思います。それどころか、家族ぐるみで海外旅行に出かけ、幼児の頃から直接外国を見てくる子も珍しくありませんし、テレビの画像を通して地球の隅々まで、否、月面まで見ることができる時代です。このような時代に生きる日本人にとっての英語の役割を挙げるならば、

　　1.世界の中で、政治、経済、文化、スポーツ等あらゆる分野で、日本語を解さない、母語がそれぞれ違う人々との間でコミュニケーションを取る時、最も役に立つ言語である。

　　2.国家の発展と存続に不可欠な言語である。

と位置付けることができると思います。これまでの英語教育が現代にそぐわないことは、実業界からの改革要望もあり、政府や関係省庁をはじめ、国民も感付いていたことでした。にもかかわらず、入試に照準を合わせ

て、１、２度読み上げては文法を調べ、訳す訳読。書く
ことを中心にした、言語の役を成さない学習法を、長い
間生徒に強いてきた教育の、責任をどこに問えばいいの
でしょうか。日本人の英語学習にはこの方法がしみつい
てしまっています。

　日本人全員が頭を切り替える必要があります。

少な過ぎる英語教育改革のための国家予算

　2019（令和元）年度の文部科学関係予算は約４兆2348
億円で、そのうち英語教育強化推進事業に割り当てられ
ているのは６億円です（文部科学省「令和元年度文部科
学関係予算（案）のポイント」より）。2011年度からの
小学校での英語必修化に向けて、2009（平成21）年度
には「英語教育改革総合プラン」として約８億5000万
円が計上されていました。ところが同年11月に早くも
事業仕分けによりこのプランが廃止され、翌2010（平
成22）年度から２億円に減らされたまま現在に至って
いました。その主な使途は、教材の整備と外国語指導助
手の資質向上となっています（文部科学省「『英語教育
改革総合プラン』の見直しについて」による）が、全国
にある公立小学校は１万9千432校で（文部科学省「学

校基本調査──令和元年度（速報）結果の概要──」による）、割ってみれば1校当たり 30,900 円弱。これでは、あまりにも少な過ぎるのではないでしょうか。制作にお金をかけていない質素な教材になるわけです。

　英語を国家の存続・発展に不可欠な言語と位置付けるならば、長い年月をかけて検討されてきた小学校での英語必修化にかける予算がこれだけとは、我が国の英語教育改革に対する真剣さが疑われます。

始まった小学校英語教育の問題点

　章の終わりに、2011年に始まった小学校からの英語教育で浮上した問題点を整理すると、次のように集約できると思います。

　1. 適切な指導者が少ない（ALTに頼り過ぎ）
　2. 授業時間数が明治時代に比べても少ない
　3. 効果的に学習できる教材開発が遅れている
　4. 英語教育にかける予算が少ない
　5. 発展を続けているアジア諸国から大きく遅れをとっている

　これらの問題点を解決するためには、抜本的な制度改革が必要かも知れませんが、各校のちょっとした工夫で

すぐに改善を図ることは可能と思われます。どんな工夫ができそうか、これまで幼児・児童英語教育の現場に携わってきた経験をもとに、その具体策を次章で述べることにします。

第5章　さらなる改革への提言

1 身に付けたい英語力とは

　小学校における英語教育の在り方を検討するにあた
り、重要な課題となるのが、国家が定める義務教育で、
具体的にどの程度の英語力を身に付けるように目標を立
てるかということだと思います。今、学んでいることが、
将来どのように役立つかがわかれば、子どもたちはその
目標に向かって学習を進めていくことができます。

義務教育で英語を教える目的

「義務教育」について文部科学省は、「国民が共通に身
に付けるべき公教育の基礎的部分を、だれもが等しく享
受し得るように制度的に保障するものである」(文部科
学省HP「義務教育の目的、目標」より)としています。
前章の「現代の日本人にとっての英語の役割」(178頁
参照)に挙げたように、今や、英語は個人の能力として
の必要性以上に「国家の存続と発展に不可欠な言語」と
位置付けられなければならないのです。先進国に追い付
き追い越せの時代の、英語がもっぱら海外の知識や情報
を得るための手段だった時代はとっくに終わっていると

184

　いうのに、英語教育は相変わらず、海外の知識を得る内容の教科書が多いようです。外国人と交流をする時にまず聞かれるのは、日本人の日常生活や文化についてです。海外に出ても、真っ先に必要になるのが日本についての知識です。

英語コミュニケーション力は現代人の教養

　新学習指導要領（143頁参照）によると、「聞く・話す・体験する」ことに重点が置かれており、その目的が、「外国語に慣れる・異文化を理解する」となっています。今は英語力は文化や海外の知識を得る手段としてよりは、高校生くらいまでは、単純にコミュニケーションの道具としての教養という位置付けでいいのではないでしょうか。

　英語の時間は純粋に英語のスキルを教える時間として使い、国際理解は、社会科か道徳の時間などで学習できると思います。

高校卒業までの到達点をどこに設定するか

　では、この目的を達成するための目標として、具体的に、どんなことができるようになればいいのでしょう

か？　我が国の義務教育は中学校3年生までですが、ほとんどの国民が高校に進学しているのが実状です。高校までの学校教育が現代の日本人の平均的な教養だとしたら、少なくとも、高校卒業までに次のような英語力が身に付くように、教育しなければならないと思います。

- 英語圏で生活ができる会話力
- インターネットを通して英語で交信ができる能力
- 同世代の他の国の人々と対等に話し合いができるコミュニケーション力
- 日本についての知識：日常生活、文化、政治、経済、観光PR、スポーツなどについて話せる能力
- 手紙や、クリスマス・カードの書き方、履歴書の書き方など

英語表現に関する辞典のように使える教科書が欲しいものです。

正確さより意思の疎通が大事

あなたは、日本語を正確に話していますか？　自分の日本語がどの程度完全かを振り返ってみると、英語を習い始めたばかりの子どもに、発音も文法もスペリングもすべて完全さを求めるテストをしてきた日本の英語教育

は間違っていたと思います。結果、日本人は学習が始まって間もなく、完璧な英語に悩まされ続け、長年にわたって、英語への劣等感を植え付けられてしまいました。いろいろな言語の人が混在している国では、日本の学校英語のテストのような正確さは必要としないことでしょう。

　私自身、これまで国内外で外国人と英語で話をした時に、自分が完璧な英語を話していたとは思えないのですが、単語の間違いを聞き返されたことはあっても、英文の訂正を求められた記憶はありません。日本人は誰のために完璧な英語を追求してきたのだろうか、と思います。

外国語ができるとは

　日本に10年くらい住んでいるインド人の知人がいます。自分で会社を営んでおり、ビジネスでは英語でのやりとりが多いそうですが、日本人と会話をする時は日本語です。母語のベンガル語訛りなのか、トットツというとぎれとぎれの話し方ですが、日本人と話すような感覚で会話を楽しむことができます。わからない熟語などが出てくると、「それはどういう意味ですか」と日本語で質問してきます。その時は、易しい日本語で解説をします。それでもわからない時には、英語の単語に置き換え

ると大抵わかります。日本語でかなり不自由なく会話ができるので読むことも相当できるのかと思うと、読めない漢字も多いとのことで、その時は電子辞書で調べるそうです。

わからない時には「わからない」と相手の言語で尋ねること。よく、「外国語をマスターしたい」という人がいますが、マスターしてから話そうなんて思わないほうがいいです。外国人と会話をしていてわからない時は、「それはどういう意味ですか」と質問します。

"Excuse me."

とか、

"Just a moment."

とか言って、

"What does ○○ mean?"

と口をはさめるようになると、もう大丈夫です。説明してもらってもわからない時には、"Spelling please.（スペルを書いてください）"と言って書いてもらい、調べることができれば、会話を続けていくことができます。最近はiPadで自分で表示して見せてくれる人もいます。これからは、日本人も恥ずかしがらずに、日本語訛りの英語で堂々と発言できるような心も一緒に、教育しなけ

ればなりません。

2　小学校における英語教育のモデル

　第2章、第3章で述べたように、言語習得の基本は「聞く」ことです。それも、低年齢の子どものほうが耳が良く、素直に聞くことができます。日本では2020年度にやっと小学校3年生から英語が必修科目になりましたが、こうした英語教育早期化の流れを各学校が先取りして、3年生からと言わず、もっと早期に取り組めそうな改善策を提案します。

短時間でも毎日英語に触れさせる工夫を

　現在、英語の授業がおこなわれているのは高学年の5、6年生です。2020年度からは、3年生から実施されており授業時間数も増えました。5、6年生は正式教科として週3回となり、3、4年生は「外国語活動」として週1〜2回実施されることになりました（表3：170頁参照）。

　しかし、外国語は1回の授業で多く学ぶよりも、毎日少しずつ学ぶほうが成果が上がります。月曜から金曜ま

で週5回、毎日授業をおこなえないのであれば、1時間を10分ずつの5回に分けて、毎日英語と接する時間を作るほうが良いと思います。10分ならば、朝学習とすることも可能でしょうし、そのような形でおこなえば、3、4年生、さらには1、2年生も、無理なく英語に親しむ時間が持てるのではないでしょうか。

低学年の10分間は「えいごであそぼ」

　英語に接する時間だからといって、ネイティヴのALTに頼む必要はありません。お勧めするのは、1年生から毎日10分間、全国ネットで放映されるNHKのテレビ番組、「えいごであそぼ」（108頁参照）を見せることです。今は教室にテレビモニターや録画・再生機器のない学校は少ないと思いますし、テキストも不要ですからお金がかかりません。全国的な規模ですぐにできます。番組内容も画像や歌が毎年変わるので、2年続けて見ても新鮮です。

　毎日見続けていると、そのうち歌い出す子が必ず出てきます。テレビと一緒に歌わなくても、終わってから口ずさんだりし始めます。歌を覚えるスピードは、担任の先生よりも速いはずです。

　英語のテレビ番組を「遊び」感覚で見ることができれ
ば、成功です。そして歌い出したらしめたもの。歌で覚
えた語彙の音の貯金が先へ進んでどんなに役立つか知れ
ません（「音の貯金が生む大きな付加価値」：138頁参照）。
　1、2年次は毎日テレビを見せるだけ、英語を聞かせる
るだけ。音の貯金こそ、話すための素地を培う最善の方
法なのです。

3、4年生も英語で遊ぼう

　1、2年生で「えいごであそぼ」を聞かせることがで
きたら、3、4年生では英語の基本文が書かれたテキス
トと、自学自習用のCD-ROMを全員に配ります。これ
らの教材は、NHKと共同開発をして、1、2年生で親
しんだ「えいごであそぼ」と連動した内容にできるなら
ば、さらに効果が上がると思います。
　テキストの内容は生徒が外国人と出会っていく、物語
のように構成されているのがいいと思います。自分の生
活になぞらえた物語のように読み進め、物語を縦軸とし
て、家族、友達、誕生日、数字、月名、曜日、食べ物、
色彩、天候などと、単語を増やして肉付けをしていき
ます。脈絡のない単語は記憶しにくいのですが、ストー

リーを追う中で出てきた単語は記憶し易いものです。長い単語でも覚えるのが難しいということはありません。かえって面白がって覚えます。

　子どもの英語教育は、<u>いかに楽しく、子どもの心に負担をかけずに、たくさん聞かせられるか</u>がポイントです。そのため、特にCD-ROMは、面白くて魅力的なものを開発して、家で毎日パソコンを使って「英語で遊べる」ようにするのがいいと思います。歌やチャントを大量に盛り込むことです。

　また、日本語がおろそかにならないための一つの工夫として、同じ画面で日本語を読む練習もできるようにします。例えば空の絵を見せて、音声で"sky"と流し、漢字の「空」、「雨」、「雲」から正しい文字を選ぶようなクイズ形式も考えられます。国語の時間には漢字の書き取り練習で「空」という文字を書きながら、子どもたちは「スカイ」という英語の音も思い浮かべるはずです。

基本文は九九程に覚える

　３年生では、テキストに出てくる基本文も覚えるようにします。この時期にはまだ、文を言わせるテストはやらないほうがいいと思います。あくまでも「遊び」なが

ら覚えるように工夫をしなければなりません。この時期のテストによって再び、トラウマを生じさせる教育になってしまいます。

　小学生の時に全ての日本人が完全に暗唱させられる課題があります。かけ算の九九です。規則的に並んだ数字を、リズム良く毎日唱えさせられ、全員が覚えるまでに1学期近く使ったように思います。教室の壁に九九表が張ってあり、毎日教室が張り裂けそうな声で、算数の時間だけでなく、下校前にも全員で唱和した記憶があります。この九九を、日本人で言えない人はいないでしょう。今も2年生の秋頃から九九の暗唱が始まります。

　九九は81個のフレーズを、数字が100まで言えるようになり、読めて、書けるようになってから暗唱に入りますが、英語の場合は、音は規則的には並んでいないし、初めて聞く音もあり、文字だって読めません。言語にはそれぞれ特有のメロディーがあり、強弱があり、意味があり、歌のようなものです。九九を覚える時にも自然にメロディーとリズムができました。歌を人前で歌おうとする時には、音と歌詞を記憶するために相当回数を歌って練習すると思います。意味のわかる日本語の歌でもそうです。英語のフレーズも毎日唱えることをしたら、必

ず覚えることができます。

　週1～2回の授業で、指導者が読み上げる呪文のような音を4～5回聞いて記憶するのはかなり難しいと思います。初めは短くて、意味もわかり易い文ですが、進むにつれて単語の量が増え、文は長くなっていきます。たとえ授業時に覚えたとしても、それを次回まで覚えていられるかどうか疑問です。

「書く・読む」の練習は4年生から

　4年生でアルファベットの練習を始めます。国語がある程度書けるようになってからのほうがアルファベットも上手に、時間がかからずに書けるようになります。

　4年生での書く練習は、<u>正しく書き写すことができたら「○」にします</u>。これからはコンピューター上でのやり取りが、出番としては最も多いと思いますが、これも文を書き写すことのほうが多いのではないでしょうか。文章をパソコンで打つにしても、間違えると赤字の注意信号が出されるものもあるので、その時に調べて訂正ができます。単語のスペリングを覚えるのは時間がかかりますが、時間をかけて覚える割には空で英語を書かなければならないケースは試験以外では少ないのです。

　また4年生では、単語の読み方も取り入れます。1、2年生の時にテレビで歌を聞いたり、3年生で基本文を暗唱したりして脳に残っている音の貯金が、この時に発揮されて、恐らく短時間で読めるようになります。英語学習の始まりに聞くこと、話すことに重点を置いて教育をすると、英語はだんだん楽に学習できるようになるのです。

高学年では電子辞書も使ってみよう

　5年生では聞いて、リピートして、読むことと並行して、書き写す練習も継続していきます。

　最近は日本語を書く行為も減っているのではないでしょうか。この学年になると、音の貯金がぐんと増えていますので、読むことも書くこともかなり楽にできるはずです。この辺で電子辞書の使い方を教えるのもいいと思います。

　電子辞書は、速く簡単に調べることができ、音声を聞くこともできます。収録語数は中学・高校の英語くらいならば十分で、これを使用することによって、外国語学習の能率を格段に上げることができます。すでに2006（平成18）年春の新学期の頃に、「入学時に電子辞書の推奨

機種を上げる高校が増えてきた」という新聞記事が見られました。今や外国語の学習には手放せない道具として、教育現場でもかなり普及しているものと思われます。

電子辞書ならば、今どきの子どもたちはゲーム機の使い方を攻略するように、あっという間に使いこなせるようになるでしょう。

電子辞書を使って調べながら、「絵本や漫画を自力で読む」という課題があったら面白いと思います。余裕のある子はどんどんやってみると思います。

6年生では、同じように聞く、話す、読む、書くことを続けますが、テーマを身近なことから徐々に広げ、会話の実践も、いろいろな場面を想定しておこなうようにします。

3　ALTの活用について

英語は、ネイティヴスピーカーに教わるのが最も効果的だと思うかもしれませんが、教わる時間の長さや頻度によっては、必ずしもそうではありません。小学校の標準的な1単位時間は45分ですが、これくらいの時間だと、ネイティヴスピーカーが教えようと、英語が堪能な日本

人が教えようと、単語といくつかのショートセンテンスをリピートする程度で終わってしまうでしょう。

　フレーズが2つ、3つと長くなってくると、ネイティヴスピーカーであってもリピートさせるのは難しくなります。週に1、2回教わったとして、音は少し耳に残っているかも知れませんが、なかなか積み重ねにはなりません。

　学校でこのようなペースでネイティヴスピーカーに教えてもらうくらいのスタートで、将来の、「英語を話せる日本人」を期待するのは明治時代以上に難しいと思われます。外国人には慣れるかも知れませんが、ナマの声でも毎日回数を多く聞かせるのでなければ効果は少ないのです。

ナマの声と録音音声による学習効果の比較

　初等英語教育におけるナマの音声とテープの音声による学習効果の比較を試みた、次のような実験報告があります。

　　昭和39年から41年（1964－66）にかけて、東京教育大学文学部に附設された外国語教育研究施設による初等英語教育の実験が、附属小学校の4〜6年生を

対象に行われた。これは「テープ授業組」（実験群）と「ナマ授業組」（対照群）とを比較したものだが、結果は前者が後者に比べて優るとも劣らないというものだった。それで昭和42年3月に卒業した児童たちは3年間にわたって延べ60時間英語を学び、39年11月には語学教育研究所の全国大会でその成果を披露したこともあった。

（『日本の英語教育200年』伊村元道著／大修館書店2003年刊／242～243頁より）

　ネイティブスピーカーの声をたくさん聞かせようとしてALTを毎日頼めば、莫大な費用がかかります。それよりも、録音教材を多用するほうが、成果も上がると思います。

英語らしい発音はテレビやDVDでも身に付く

　日本語がほぼ確立した年齢の5～6歳以上の子どもが、画像のない音声だけの録音教材を聞いて英語の学習を始めると、かなり似た発音はするのですが、[r]、[l]、[th]、[v]、[f]など英語特有の音については、日本語の口の形では出せないので、妙な口の形を作って苦労をしています。

　母語を獲得中の幼児でテレビやDVDの音と画像を併せて見ている子は、特別指導をしなくても、例えば「ア・ップ・ル」や「プ・レ・イ」とは発音しません。これらの正しい発音を記号で示すと、それぞれ［ǽpl］、［pléi］ですが、［ǽpl］は「アポー」と聞こえ、「アップル」よりも本来の発音に近い音に聞こえます。

　また、［pl］という子音の連続音を教えるのは難しいのですが、［pléi］もネイティヴにひけを取らないきれいな音を捉えています。

　この他、［f］や［v］の音も唇を使って上手に発音しています。テレビの英語番組やDVDの英語教材では、発音する人が大写しになって画面に現れるので、それを幼児が観察して口の形を真似ているのだと思われます。

　学校教育では、この部分は英語の専門教育を受けた指導者が受け持つと、子どもたちは苦労せずに、英語らしい発音ができるようになると思います。

ALTに指導を頼るのは考え物

「英語はALTに教えてもらうもの」というスタンスは考え物です。なぜなら、英語をすべてALTに発音してもらってリピートすることを続けていくと、結果的に、

子どもにとって英語を話す人は皆、英語の先生になってしまうからです。ALT は、自分が指導者であると認識していますから、授業中はもとより、授業以外の場所で会っても、子どもたちの発音がおかしいと、つい直したりしてしまいます。すると子どもたちは、常に自分の英語をチェックされるような気がして、英語を話す外国人に劣等感を持つようになります。

韓国では ALT の導入をしていないそうです。自国民の先生の研修と、CD-ROM による家庭学習を徹底させています。それで成果を上げています。

ネイティヴスピーカーは子どもに対してではなく、その予算を使って指導者を研修し、英語に慣れてもらうために多用するのがいいと思います。そのほうが、日本人全体の、英語のスキルアップにつながるのではないでしょうか。

ALTは英語の話し相手として活かす

ALT は、教える人としてではなく、異国からのお客様として授業に活かします。3 年生から 2 ヵ月に 1 度くらい、英語を話す人と直接会って話す時間を作ります。英語を言語として捉える動機付けをするのです。

　先に、３年生からのテキストは外国人と出会っていく
物語のように構成するのが良いと提案しましたが、その
テキストの会話を実際に使う場として活用することが考
えられます。現実の会話とロールプレイではやはり違う
のです。

　実施にあたっては、あらかじめ話す内容を皆で相談し
て、考えておくのがいいと思います。そして役割を決め
て、話す言葉を覚えておきます。話す言葉はテキストか
ら探し出し、足りない時は指導者が補足して、練習して
おきます。当日は控室へお客様（ALT）を迎えに行き、
教室まで案内して来るところから始めます。

　次に具体例を２つ示します。

例１：教室を場に設定した場合

①お客様を控室へ迎えに行き、教室へ案内してくる
〈教室で〉
②お客様を先生に紹介する
③先生をお客様に紹介する
④全員がお客様に自己紹介をして握手する

アドバイス 握手をする時、日本人はおそるおそる、ふわっと手を握るのですが、相手の目を見て心を込めてしっかりと手を握り合います。相手の体温が伝わってくると、その時から友達になれそうな気がしてきます。

〈続けて〉

⑤椅子を勧める

⑥水を出す

⑦お菓子を出す

⑧どこの国の出身か尋ねる

（メインテーマを回ごとに変えていく）

> **アドバイス** 地図か地球儀を用意して、お客様の
> 出身国の位置を教えてもらったり、家族や住ん
> でいた町の写真を持ってきてもらい、自分のこ
> とについて話してもらいます。お客様のALTと、
> 事前に打ち合わせておくといいと思います。

⑨水のおかわりを聞く
⑩お菓子を勧める
⑪プレゼントを渡す
⑫「来てくれてありがとう」とお礼の言葉を言う

> **アドバイス** クラスの人数によっては、同じ係を
> 数人で受け持ちます。

例2：家庭を場に設定した場合

①玄関のチャイムを鳴らす（例：ピンポーン）

②お客様を迎えに出る
③お父さんが自己紹介する
④お母さんが自己紹介する
⑤兄弟姉妹が自己紹介する
⑥お茶を出す
⑦お菓子を勧める

アドバイス 兄弟姉妹を8人とか、10人にした
り、お茶を飲んでいる途中で祖父母役が訪ねて
くるのも面白いです。祖父母役は、それらしい
衣服を何か1つ用意します。

⑧ペットの犬があいさつする
⑨ペットの猫があいさつする

アドバイス ペットの犬や猫の係は、英語風に鳴
く練習をしておきます。そしてお客様のALT
と事前に打ち合わせてペットにも話しかけても
らい、会話をします。

客："Hello, Dog! I am Mike. Nice to meet you."

犬："Bowwow、My name is Chippo. Nice to
　　meet you."

猫："Meow, meow"

　ペットが英語を話すか、鳴き声だけにするか等は、
子どもたちと一緒に考えて決めます。また、ペット
役は、小道具としてお面を用意すると楽しくなりま
す。「犬のお面を作ろう！」と、アイデアを出すと、
子どもたちは張り切ってお面を作り、それを着けて
楽しそうに役をこなします。

初めの一言で英語好きになる

　お客様をどきどきしながら待って、割り当てられた一言を言ってみる。通じた時の嬉しさが、その後の学習の原動力になります。英語ってこんなふうに使うものなのだ、とわかります。初めて外国人と話した時、子どもたちは単語がいくつかわかっただけで嬉しいし、わからない言葉は、もっとわかりたいと強く思うはずです。ここで子どもたちの英語の暗号解読が始まります。これは、赤ちゃんの最初の言語認識同様、大変重要なことです。

　また、会話の実践場面では、教科書にはなかなか出てこない「合いの手」の言葉が使えると、会話が続いて、英語を話しているという気分になります。例えば、

Pardon？（もう１度言ってくださいませんか？）

Again.（もう１回）

Really？（本当？）

I see.（わかりました）

Aha.（なるほど）

That's right.（その通りです）

Please.（どうぞ）

Show me, please.（見せてください）

So many！（わあ、たくさん！）

Pretty！（きれいね！）

Cute！（かわいらしいですね！）

Wonderful！（素晴らしいですね！）

How nice！（わあ、すてき！）

Looks fun！（［見て］たのしそう！）

Looks delicious！（おいしそう！）

Sounds fun！（［聞いて］たのしそう！）

Very interesting！（おもしろい！）

Thank you.（ありがとう）

You are welcome.（どういたしまして）

など。

ALTは子どもたちと対等の立場で

　外国人のお客様は、必ずしも英語のネィティヴスピーカーでなくても、ある程度英語で会話ができる人ならばいいと思います。むしろ圧倒的に言語的に優位に立っている人でないほうがいいのです。お国訛りのある英語を聞くことも、英語以外の言語に触れるいい機会になります。さらに、毎回同じ人ではなく、いろいろな人に来てもらえれば、一回、一回が新鮮な体験となり、また、以前別の人にした同じ質問を繰り返すこともできるので反

復学習ができます。

　いつ、どのように使うのかわからない外国語を延々と
ネイティヴスピーカーにリピートさせられるだけでは、
英語を言語として習得することはできません。学習と並
行して、教えられる人としてではなく<u>外国人に対等に出
会っていく</u>ことが大切です。そのような機会を作るため
に、ALTの力を貸りるのが良いと思います。

第6章　「生きる力」とは

1　卒業生たちからの便り

　2010（平成22）年に文部科学省から出された新学習指導要領の大きな目標は、子どもたちの「生きる力」を育むことでした。では外国語の学習で得られる「生きる力」とは、どのようなものでしょうか。次に紹介するのは私が活動してきたNPO法人グロウバル言語文化研究会（以下グロウバルと省略）の卒業生からの寄稿文です。

　グロウバルの活動の目的は、英語をはじめ、いろいろな外国語に触れて、留学生や国内外の外国の人たちと交流をするというもので、理念は私が最初に身を置いたラボ・パーティやヒッポ・ファミリークラブと変わりませんが、運営と指導に当たる構成員が女性だけという点が大きな違いです。寄稿してくれた卒業生の中にはラボ・パーティからヒッポ・ファミリークラブを経て、先生と一緒にグロウバルに移籍した会員（生徒）もいて、ちょうどその頃、中高生、大学生だった子どもたちがグロウバル主催の国際キャンプのリーダーとして活躍しました。

　春休みと夏休み、キャンプの実施が決定すると、20人くらいの中高大学生がエントリーをして企画会議に参

加します。話し合いでは、プログラミングから、機材の
準備、一人一人の役割分担まで決めて、当日もほとんど
彼らだけで運営をします。いろいろな国からの留学生な
ど在日の外国人を招待するので、言語的な対策も考えな
ければなりません。大人は時々アドバイスをしたり、助
力をしたりしますが、当日はキャンパーとして参加し、
子どもたちの安全に注意を払います。

　このような学年を超えて協力して作り上げていくキャ
ンプでのリーダーたちは、小学生にとって憧れの的でし
た。数年にわたってこのボランティア活動をした子ども

たちが、外国語習得や、キャンプ運営の経験を社会でどのように活かしているのか。新指導要領の「生きる力」という言葉に具体性がありませんが、彼らの寄稿文を読むと、「生きる力」のヒントがもらえるような気がしますがいかがでしょうか。

とっさにでたスワヒリ語（R.H.さん）

　私はF通と言うコンピューターメーカーで外国のお客様に対する先生をやっているのですが、今、ラオスの研修生─お客様＝神様─に対応しています。研修生と仲良くなるには、その国の言葉で挨拶するのが一番と考えて、新宿の大きな本屋へ行ったのですが、ラオ語（ラオス語）の本はありませんでした。結局、私は授業中に研修生から少しずつラオ語を習っています。先生のくせに、研修生から教えてもらうとんでもない奴がこの私です。

　そんなある日、課内の人が、「Hさん、お電話です。」と受話器を渡してきました。「もしもし……」と言うと、いきなり「H -SAN、マンボー！」。その挨拶に対して私は間髪をいれず「サーフィ、サーフィー」。そうです。その声の主はラオスの前に担当した、タンザニアの研修生だったのです！　この挨拶の意味は、「Hさん元気か

い？」「やってる、やってるーっ！」という感じのもの
です。タンザニアの担当だった頃は毎日この言葉を使っ
ていたとはいえ、とっさに出たスワヒリ語には自分でも
驚きました。

　受話器を置いた私は頭をラオ語に切り換えて、ラオス
の研修生のいる教室へ「サバィディー！（こんにちは！）」
と元気良く入って行きました。

　私の後ろの席の先生はミャンマー人で、彼女との挨拶
はミャンマー語ですることにしています。

　※原文のまま（ただし個人名などはイニシャルに変えています）

　　　　　　　（機関紙『グロウバル』No.26 ／ 1992.3.27）

M先生への手紙（R.H. さん）

　M先生お元気ですか。私は相変わらずです。

　今回、シンガポールで研修（講義）をすることにな
り、初の海外出張に出されました。お客様は「Singapore
Telecommunication Academy」で、日本で言うNTTです。
いろいろ不安はありますが、先輩をはじめ、友達や知り
合いが多くいるので「きっとやれる」と思っています。
私の様な若輩者が一人で、外国のお客様に対して「先生」
商売をするなんて、信じられないでしょう？　私も信じ

られません。グロウバルの活動をしていなかったら、今こうやって手紙を書くこともなかったのでは……と思います。では、これで失礼します。　　　　　※原文のまま

（機関紙『グロウバル』No.27 ／ 1992.5.25）

グロウバルな（？）私（M.O.さん）

　グロウバルには、小学校のとき母に連れられて弟達と一緒に参加し、高校一年で、コロラドに１ヵ月のホームステイに参加しました。コロラドと言えば、ロッキー山脈で有名ですが、私が行ったコロラドは、ほぼテキサスとカンザスとオクラホマの州境で、見渡す限り草原です。隣の家に行くにも車で行かなければならないほどです。町の人は、みんなカウボーイハットにブーツ、どの家にも必ず馬がいて、まるでロディオに出場するヒーローでした。これが初めての海外旅行で、アメリカのイメージでした。そんなことで、初めは言葉も全くわからず寝てばかりいましたが、１ヵ月過ごせた事が、妙な自信となり、帰国後学校での英語は、「全く無駄！」とばかりに、本当に勉強をせず、高校、短大となんとなく過ぎていきました。

　短大を卒業して、いよいよ社会人です。会社に入って

一番初めに感じたのは、全く勉強していなかった事の後悔です…。少しでも、何かの知識が自分にあれば、そこから切り込んで入り込めるのに、社会常識の欠如に加えて、何の勉強もしていなかった自分があまりにも小さく感じ、そこからは、本当に勉強、勉強の毎日でした。仕事の上に勉強ですから、時間がいくらあっても足りません。でも、まじめに勉強してきた同期の人は、それなりに仕事を任されたり、専門の分野につけたりしているので、「超うらやまし〜！」と、その後は努力、努力の日々でした。

　そんな社会人2年が経とうとしたころ、父親がアメリカに転勤することになりました。私は、「お！　これは、チャンス！」とばかりに、家族についてアメリカに行く事に決めました。しかしそこでは、さらなる苦労が待っていたのでした。先に書きましたが、私は、高校時代にアメリカにホームステイした際に勝手に、自分は英語が出来るんだと思い込み、全く英語を勉強していませんでした。そのため、文法が殆ど解らず、外国人が大学に入る為に必要なTOEFLの試験に10回連続で基準点に到達しませんでした。落ちるたびに、文法書を最初から最後まで繰り返し、繰り返し読み、ここでも、日本の学校で

全く勉強しなかった事の後悔の連続です…。ようやく、それでも何とかクリアーして、大学に入りインテリアの勉強が始められましたが、そこからは、TOEFLの勉強など、なんて楽だったのだろうと思うくらい、大変でした。英語で、しかも、専門用語。アメリカの大学は、卒業後即戦力で働ける事を目標としているので、来る日も来る日も課題→プレゼン、課題→プレゼン。教科書も辞書のように分厚いし、学校の他の生徒が「週末だ！」と、遊んでいる間も勉強をしないと、全くついていけませんでした。でも、努力が少しは認められたのか、学部で毎年１人選ばれる奨学金を貰って表彰を受けたり、一度社会に出て目標が定まっていたせいか、勉強漬けの日々もそれほど苦とも思わず、４年が過ぎました。そんな時に起こったのが、９・11のテロ事件です。私は西海岸に住んでいましたので、ニューヨークとは、別の国のように離れていましたが、それでも、日本から見れば同じアメリカで、日本の友達や親戚の人から大丈夫？というメールを沢山頂き、卒業後の進路を迷っていた時でしたので、日本に帰国する事に決めました。　　　※原文のまま

（機関誌『グロウバル』No.98 ／ 2009.11.25）

*

　アメリカから日本に帰国して、やはり大変だったのは、また、英語です。縁があり、商社に入社した私は、中国の工場で作ったものをアメリカで売る際の中継ぎのような役を日本で行っていました。時差もありますから、やり取りは殆ど電子メールです。アメリカの大学でいくら即戦力になる勉強をしていたと言っても、やはり、本当のビジネス上の英語は、もっと明快で、相手に誤解を与えないよう慎重にしなくてはなりません。会社に入った当初は、そのメールを書くのに時間を取られて、毎日毎日終電でぐったりしていました。そのうち、メールや電話だけでの意思の疎通、発注などのやり取りに限界を感じ、「このビジネスを大きくしたいのなら、本社の営業の人をアメリカにやって、日本とやり取りしていかないと追いつかないのではないでしょうか？」と上司に抗議しました。そして、選ばれたのが、なんと！　自分でした。私は、そのころ、会社に入って２年ほどしか経っていませんでしたし、まさか、女性で、駐在員なんてありえない！　と、思っていたのでまさに寝耳に水、正直怖くて仕方がありませんでした。

　駐在員は、自分１人で、あとは、上司が付けてくれた少し年上のお兄さんみたいなアメリカ人のアシスタント

1人の営業活動が開始です。最初は、何をやって良いか
わからず、とりあえず、200件くらい電話をして、75
件くらいの人が会ってくれました。その中で、実際に商
売に繋がったのは、10件くらいでしょうか？　でも何
しろがむしゃらにやっていたので、何処へ行ってもお客
様は嫌な顔をせず、むしろアメリカの商売について、い
ろいろなことを教えてくれました。また、他の会社の駐
在員の人や、日本人の方々にもいろいろと相談して、時
には弁護士をつけて戦わなければならないような局面も
ありましたが、なんとか、安定した顧客につなげる事が
できました。その業績が評価されたのか、東京の本社か
らさらに人が増員され、オフィスの人数も増えたので、
自分は、日本に帰国する事に決めました。やっぱり、日
本は、とても良いです。夜、突然全テレビチャンネルが
「カーチェイス」放送に変わったりしないし、銃や交通
事故にもおびえなくて良いし、食べ物も美味しいし……
♪　日本に帰国してまもなく、やはり、アメリカの大学
で勉強したインテリアの知識を生かすため、ホテルなど
の商業施設の内装を、デザインから施工まで行う会社に
転職しました。そこは、商社とは、全く違う職人と経験
の世界です。アメリカで勉強したインテリアの知識はも

ちろん役に立っていますが、日本独特の専門用語も多く、ここでもまた、さらに勉強、勉強の日々です。でも、今までのグロウバルでのリーダー経験から始まり、アメリカでのこと等、本当にいろいろなことが蓄積されて、自信に繋がっているように思います。そしてまた、これから、今取り組んでいるインテリアの分野で、何か出来るのではないかと、まだまだ期待は膨らむばかりです！

※原文のまま
（機関紙『グロウバル』No.99 ／ 2010.3.25）

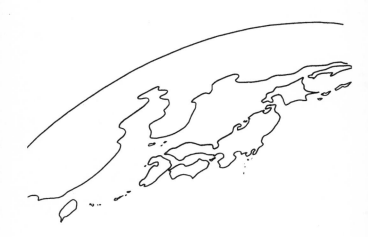

キャンプに里帰りして （S.K. さん）

　２年ぶりのキャンプです。ずいぶんキャンプの雰囲気が柔らかくなりましたね。

　去年から名古屋へ移り貿易の仕事をしていますが、国際電話や外国人のゲストが来る度に、緊張して額に汗しながら話しをしていました。しかし、その緊張感は相手にも伝わるのですね。相手も緊張して、結局仕事の内容を伝えるだけの無機質な会話で、毎日「苦しいな」と思っていました。ある日、勇気を出して "SALAMAT VAGI, INI KATO VARI JAPUN APA KABAR" とマレーシアへの電話口で話してみたところ、ずいぶん相手が喜んで "どうしてマレー語を知ってるの？" とか、どこで覚えたの？とか。

　それで肩の力が抜けたように楽になって、国際電話も世間話を楽しむ余裕ができました。

　以前、キャンプで「外国人になにをしてあげよう」とか「どうすればトラブらずに進行するか」等々、考えていた頃は本当に余裕が無かったような気がします。自分達も楽しんでいませんでした。それが今回、ゲストとキャンパーがごく普通に話したり、ゲームをしたり、そんな力が柔らかく感じられました。

So Long! TEREMAKASI BANYA BANYA!

※原文のまま

（機関紙『グロウバル』No.33 ／ 1993.5.25）

"Boys and girls, be ambitious!"（Y.T.さん）

〜タイからのメッセージ〜

　私は中学 2 年生のとき、友人がアメリカへホームステイするのをみて、興味をもちグロウバルの活動を始めました。正確にはその前身である、ラボ、ヒッポファミリークラブでの活動でした。そのとき、まさか 35 年後の今になって、そのときと同じような活動を海外でしているとは思いもしませんでした。でも今になって考えると、無意識の中で今の自分を理想像としてもち、準備をしていたのかもしれません。

　会社に就職し、社会人になると、グロウバルの活動がいかに実社会で役立つか、役立ってきたかをしみじみ感じます。僕が役立ったと思うことは、言語活動もそうですが、むしろもっと別の大切な、人間力のようなものを学んだと思うのです。

【グロウバルで学んだ大切なこと】

①リーダーシップ……キャンプ活動でみんなと活動をひ

とつにまとめ、共通の目標に向かって一丸となって頑
　　張るようにリーダーシップを発揮する事。
②コミュニケーションを取ること。人前であいさつでき、
　　思いやること。人見知りすることなく、すぐに友達に
　　なれること。日本人だけでなく、外国人ともすぐに友
　　達になれること。
③英語圏だけでなく、どの国に行っても、すぐにその国
　　の言葉や文化を身につけるのが易しいし、また身につ
　　けたくなること。
　　若い皆様も今から積極的にいろいろ経験を積んでくだ
さい。失敗を恐れないでください。やってこなかったこ
とは、急にはできません。若いうちにどんどん挑戦して
みてください。
　　私は社内で新規事業提案を行い、４年前からタイで新
しい会社を作り、従業員を共通の目標に向かってまとめ
ていく仕事をやらせていただきました。ゼロからの会社
作りは、簡単ではないし、すぐにうまくいくとも考えて
いませんでした。でも、勇気をもって、あきらめるこ
となく、続ける気持ちを持てたのもグロウバルの活動が
あったからだと思います。
　　タイ人との交流は言葉や文化、そして価値観も異なる

人間同士の共同作業です。これをいかに楽しみながら乗り越えていくかが、大きなポイントになります。後ろ向きに感じると大きな負担となりますが、グロウバル卒業生は、それを楽しみながら活動できることは大きな差です。異なる価値観の中では理解できないことも多いけど、人間の基本は世界どこでも同じであることを学んできているので、自分の中に忍耐力と、乗り越える力の源、自信のようなものが、苦しい時ほどじわじわと湧き出てくるのは不思議でした。

　今年の春、中国でまた新たな会社作りに挑戦します。会社からの命令ではなく、自ら提案して挑戦しているタイ事業、そして、その拡張を目指す中国ビジネスの展開。ふたたび中国人とともに会社を創れることは喜びです。あわてず、あせらず、あきらめず、そして侮らず、されど当てにせず、頑張ろうと思っています。社会人になり、25年勤務を超えてくると多くの社員の代表として、さまざまな場面で、上記①〜③の活動をした経験が役立つのです。企業活動はまさにグロウバルの活動そのものなのです。　　　　　　　　　　　　　　　　　　　※原文のまま

（機関紙『グロウバル』No.103 ／ 2011.9.25）

＊

Tさんは現在、東洋製罐株式会社に勤務し、タイでは
アルミ缶やペットボトルの製造と中身のドリンクなどを
手がけ、タイ国内だけでなく、外国にも輸出する仕事を
しています 。2011年からはタイの工場と並行して、中
国に新しい工場を立ち上げる任務についています。

教育は百年の計・フィンランドの教育は生活に結びつい
ていて無駄が無い（Y.T.さん　フィンランド在住）

　小学2年生の時からGLOBALで活動をしていました
が英語が得意なわけではありませんでした。

　ただ新しい事を学ぶことや創作的な活動をすることが
好きでキャンプのことを思い返せば全ての年を思い出せ
る程記憶に残る活動でした。子供が学校や家以外の場所
で自分の場所を見つけ、責任を持って行動しながら学ぶ
機会はなかなかありません。しかもその過程で沢山の失
敗をすること、嫌になっても支えてくれる人がいること
を知る事は勉強では学べない生きる力になります。多言
語が少しでもわかることも世界で生きることを容易にし
てくれます。04年に渡英した際私の英語は酷いもので
したが、独仏西伊中韓語で簡単な会話が出来た私はそう
した国から来た人に彼らの国の言葉で話しかけていまし

た。現在フィンランド（芬国）で暮らしているからわかることですが、外国で聞く自国の言葉は本当に嬉しいもので、無性に優しくしたくなります。そうしたことから英国では沢山の友達が出来ました。その後ロンドンで出会った現在の夫と結婚し、芬国に移住したのが2007年。現在は大学の教育学部で修士課程にあり移民教育について論文を書いています。芬国は人口530万人の小国ですが年間750人弱の難民を受け入れており人口における移民の割合が年々増えています。福祉国家である芬国では難民にも3年間ほぼ無料で言語習得や職業訓練を施し、その間難民支援として経済的に生活を保護しています。3年の後も無職であれば職を得るまで生活保護が受けられます。難民に限らず、こうした福祉に頼る人口が増えれば増える程福祉国家は成り立たなくなります。そこで百年の計と言われている教育が焦点になります。男女平等に共に働く事の意味を教え、実力と資質に合った仕事を見つける事を国と学校と地域で支援していきます。学校で教わることがすべて人生に繋がる、つまり教育に無駄が無いのです。カリキュラムの中には多文化共生の大切さも組み込まれています。移民のバックグラウンドを持つ子供には補習の芬語の授業や彼らの故郷の文

化とアイデンティティを育てる時間も割り当てられています。こうした取り組みを理想で終わらせない為に実際の現場である先生達の資質が問われる事は必須です。教育学部に所属しているので、教職課程の学生と同じ講義を取る機会もありますが、彼らは驚く程意欲を持って学び情熱を持って教師になろうとしています。実際に教鞭をとる先生たちも皆熱心で、寛容な心を持ち、神に仕える人のようだと思うに至り日本語でも「聖職」と呼ばれる所以を思い出しました。多文化共生は容易ではありません。国が理想を掲げても実際の現場では活かされないこともあるでしょう。日本でそうした意識を変えていけるのがGLOBALのような活動なのではないかと思います。世界の何処ででも生きていける力を学ぶ場所がこの先もあり続けますよう一番近い欧州、芬国からお祈り申し上げます。Y先生に大学合格の報告をしに行った時、『良かったね』とぎゅっと抱きしめて下さった時の感触を、今でも手の位置までよく覚えています。

※原文のまま（ただし個人名はイニシャルに変えています）
（機関紙『グロウバル』No.100 ／ 2010.8.25）

あとがき

　最初は幼児にとっての英語について書き始めたのですが、幼児に止まらず、成長すると受けることになる小学校の英語教育に関心が向かいました。きっかけは、20年以上交流を続けている韓国からホームステイにやって来る小学生、中学生（10才〜14才）が、英語で話しかけてくるようになったことです。以前は片言の日本語とこちらの片言の韓国語で会話をしていました。感想文は韓国語で書かれていたものがその回からは正確では無いにしろ、全員が英語で書くように変りました。日本は小学校3年生から、英語活動として、月一度の英語に触れる教育を始めてからやっと3年程たったところでした。

　この機会に韓国の小学生がどのような教材を使っているのか、調べてみたのが2012年のことです。その時知ったアジア諸国の英語教育の実情に衝撃を受けました。2000年前後から各国が小学生年代への英語教育に早くから取り組んでいます。

　国内でも英語教育の改革と早期化の提言が各界から早くから出されていたにもかかわらず、本格的に実現した

のは2020年でした。日本は何かを始める為に話し合いが長すぎるのです。

　急速にグローバル化が進んでいる現在、世界の人々と各分野で直接会って話さなければならない時は、大抵の場合お互いに英語です。国内にいてもインターネットで瞬時に全世界の人と会話ができる時の共通語も、明らかに英語です。日本が長年にわたって、話せない英語教育を続けてしまったのは、言語習得に最も重要な「聞く」という課程に重点を置かなかったからです。

　どこかの国の植民地でなかった日本は日常生活で日本語以外の外国語を聞く機会も話す必然性も無かったことも一因です。目標も目的もその時代に沿ったものとして適切だったかも知れませんが、明治、大正、昭和を通じて言語習得の原点である「最初は沢山聞かせる」ための手段が救いようも無く貧弱だったのです。

　英語の音声を聞くのが至難だった過去の時代は致し方無かったとしても、各種外国語の音声が容易に手に入る現代では、英語を母語習得時のように大量に聞かせることから始める教育に改めるのは、技術的にそれ程難しいことでは無いと思います。

　2021年に新政権が発足し、コロナ禍のもと急ピッ

チで教育のデジタル化が進められています。手始めに2022年度から英語のデジタル教科書を、希望する小中学校に無償提供することが決まりました。24年度からの本格的な導入のための検証に2021年度の補正予算で35億円を計上し、ネットワーク環境の整備に30億円を計上するそうです。繰り返し音声が聞けるデジタル教材は話す英語教育には特に有効です。ようやく「生きた英語」への光が見えて来ました。

　国民が努力をすれば必ず成果がでるような教育を新政府に期待します。

　最後に、赤ちゃんの発語の記録に協力してくださったお母様方と娘の美穂、アンケートに協力してくださった皆様方、幼児からの英語教育についての観察と意見のすり合わせに協力してくださった山本幸子様（NPO法人グロウバル言語研究会・元研究員）、幻冬舎編集部の稲村みちる様、そしてイラストレーターのくわはらひろこさんに感謝いたします。

　2022年02月

　　　　　　　　　　五十嵐　明子

参考文献

『日本人と日本文化』司馬遼太郎、ドナルド・キーン　中公新書　1972年

『韓国人—その意識構造—』尹泰林（著）　馬越徹、稲葉継雄（共訳）　高麗書林　1975年

『グレゴリー・クラーク先生の「暗号解読法」があなたの英語に奇跡をおこす!』グレゴリー・クラーク　平野勇夫（訳）　同文書院　1993年

『英語と日本人』太田雄三　講談社学術文庫　1995年

『クラーク先生の英語勉強革命—私の"ディープリスニング方式"ならだれでも語学の達人になれます』グレゴリー・クラーク　ごま書房　1996年

『子どもの英語　いま、こんなふうに—早期に始めよう』東後勝明　BL出版　1998年

『日本人はなぜ英語ができないか』鈴木孝夫　岩波新書　1999年

『日本語の美』ドナルド・キーン　中公文庫　2000年

『子供は言語をどう獲得するのか』スーザンH.フォスター＝コーエン　今井邦彦（訳）　岩波書店　2001年

『音読で英語下手が治る—英語は勉強じゃない。トレーニングだ!!』深田三四郎　ゴマブックス　2002年

『영어（英語）・ELEMENTARY SCHOOL ENGLISH 4』교육인적자원부（教育人的資源部）2002年（大韓民国）

『七田式　超右脳英語勉強法』七田眞　KKロングセラーズ　2002年

『世界の英語を歩く』本名信行　集英社新書　2003年

『日本の英語教育200年』伊村元道　大修館書店　2003年

『アメリカの子供はどう英語を覚えるか』シグリッド・H・塩谷　祥伝社黄金文庫　2004年

『英語教育はなぜ間違うのか』山田雄一郎　ちくま新書　2005年

『日本人と英語—もうひとつの英語百年史』斎藤兆史　研究社　2007年

『蓮池流韓国語入門』蓮池薫　文春新書　2008年

『日本人は英語をどう学んできたか—英語教育の社会文化史』江利川春雄　研究社　2008年

『英語の歴史—過去から未来への物語』寺澤盾　中公新書　2008年

『こんなに違うよ!　日本人・韓国人・中国人』造事務所　PHP文庫　2010年

『赤ちゃんの不思議』開一夫　岩波新書　2011年

『ELEMENTARY SCHOOL ENGLISH 3』미래엔컬처그룹（未来への文化グループ）2011年（大韓民国）

『たかが英語!』三木谷浩史　講談社　2012年

著者紹介

五十嵐明子 （いがらし あきこ）

青森市生まれ。東京女子大学短期大学部英語科卒業。1967年から幼児の英語教育に携わり、並行して地域の子ども文庫活動に参加。ラボ・チューター、ヒッポフェロウを経て、1987年にグロウバル言語文化研究会（2000年からNPO法人）の設立に参加。多言語習得を通しての国際交流活動に力を入れる（研究員・元役員）。設立以来、機関紙『グロウバル』の編集委員。東京都杉並区在住。
著書に絵本『まちをあるいたフルート』（風濤社・全国学校図書館協議会認定図書）、共著に『ようこそ日本へ！』（グロウバル言語文化研究会）、絵本『フーラブラはかせのおもしろランド・こりすのたんじょうび』（グロウバル言語文化研究会・2作品合本）、『仕事で英語が使える日本人を育てるために必要なこと』（幻冬舎）がある。

話せる英語教育
その方法
あなたは子や孫にどんな教育を望みますか

2022年2月25日　第1刷発行

著　者　　五十嵐明子
発行人　　久保田貴幸

発行元　　株式会社 幻冬舎メディアコンサルティング
　　　　　〒151-0051　東京都渋谷区千駄ヶ谷4-9-7
　　　　　電話　03-5411-6440（編集）

発売元　　株式会社 幻冬舎
　　　　　〒151-0051　東京都渋谷区千駄ヶ谷4-9-7
　　　　　電話　03-5411-6222（営業）

印刷・製本　中央精版印刷株式会社
装　丁　　弓田和則

検印廃止
©AKIKO IGARASHI, GENTOSHA MEDIA CONSULTING 2022
Printed in Japan
ISBN 978-4-344-93770-3 C0095
幻冬舎メディアコンサルティングＨＰ
http://www.gentosha-mc.com/